Sé "POSITIVO" en un mundo NEGATIVO

ACTITUDES QUE AUMENTAN TU GOZO DE VIVIR

Roger Campbell

PORTAVOZ

Dedicado a Jeremiah y Shiloh,
nuestros primeros nietos.

Título del original: *Staying Positive in a Negative World* © 1984, 1997,
2009 por Roger Campbell y publicado por Kregel Publications,
una división de Kregel, Inc., P.O. Box 2607, Grand Rapids, MI
49501. Traducido con permiso.

Edición en castellano: *Sé positivo en un mundo negativo* © 2011 por
Editorial Portavoz, filial de Kregel Publications, Grand Rapids,
Michigan 49501. Todos los derechos reservados.

Traducción: Rosa Pugliese

EDITORIAL PORTAVOZ
P.O. Box 2607
Grand Rapids, Michigan 49501 USA
Visítenos en: www.portavoz.com

ISBN 978-0-8254-1217-2

1 2 3 4 5 / 15 14 13 12 11
Impreso en los Estados Unidos de América
Printed in the United States of America

CONTENIDO

INTRODUCCIÓN

Acababa de terminar el servicio dominical de la mañana.

Los miembros de la congregación se retiraban de la iglesia, en medio de apretones de manos e intercambios de saludos. Nunca había ministrado en aquel lugar, pero me sentía a gusto con las personas. Los lazos de amor entre nosotros eran nuevos, pero conocidos.

Uno de los adoradores me vino a saludar y me preguntó si había pensado en escribir algo que ayudara a las personas que tienen dificultades con sus actitudes negativas. "Soy muy negativo —dijo él—. Soy negativo respecto a la iglesia, y respecto a todo".

Ya había estado trabajando en el bosquejo de un libro destinado a ayudar precisamente a las personas que tienen este problema. Ahora, estaba recibiendo la confirmación de mi convicción de que hacía falta ayuda.

Esta actitud destructiva está abatiendo a millones de personas que salen de los servicios dominicales y a otras que nunca asistieron a una iglesia. El negativismo es un ladrón, que nos roba el entusiasmo y la alegría de vivir.

Este enemigo afecta a cada institución de la sociedad. Debilita a la familia, reduce el alcance de la Iglesia en su programa de evangelización; incluso la economía de la nación carece de la vitalidad que necesita debido a esta condición devastadora que provoca que sus víctimas esperen poco e intenten menos.

He escrito *Sé positivo en un mundo negativo* para aquellos que están cansados de la depresión, la desesperanza, las nubes y los valles en su vida.

Hay una mejor manera de vivir.

Positivamente.

1

DIOS REALMENTE CUIDA
DE NOSOTROS

Era el año 1929. J. C. Penney era un paciente del Sanatorio Kellogg en Battle Creek, Michigan. Se encontraba muy mal de salud y había caído en la desesperación.

Una noche se levantó de la cama y escribió una carta de despedida para su esposa y su hijo, en la cual les decía que no esperaba pasar la noche con vida. Pero el día siguiente trajo consigo una experiencia que cambió la vida de Penney y le restauró su salud. Este es su relato:

Cuando me desperté a la mañana siguiente, me sorprendí al descubrir que aún seguía con vida. Bajé las escaleras y escuché la melodía de un himno que provenía de una pequeña capilla donde cada mañana se realizaban oficios religiosos. Aún puedo recordar el himno que estaban cantando: "Dios cuidará de ti". Entré a la capilla y, con desánimo en mi corazón, escuché el himno, la lectura de las Escrituras y la oración. De repente, algo sucedió. No puedo explicarlo. Solo puedo describirlo como un milagro. Sentí como si me hubieran trasladado instantáneamente de la oscuridad de una celda, a la luz cálida y brillante del sol. Sentí como si me hubieran transportado del infierno al paraíso. Sentí el poder de Dios como nunca lo había sentido.

Comprendí que Dios estaba allí para ayudarme con su amor. Desde ese día, mi vida fue liberada de la preocupación.[1]

La lección que Penney aprendió en aquella capilla disipó sus temores y lo preparó para un futuro brillante y exitoso como fundador de la cadena de tiendas por departamento que lleva su nombre. Él había aprendido que Dios realmente cuida de nosotros.

Sin embargo, esta puede ser una lección difícil de aprender.

La reacción ante las aflicciones

Vivimos en un mundo lleno de aflicciones. Y todos tenemos aflicciones. Si nuestra concepción del cuidado de Dios depende de las circunstancias que vivimos, podríamos llegar a dudar de su amor.

A pocas personas les cuesta creer que Dios cuida de sus vidas cuando todo les va bien. Pero las cosas no siempre nos van bien. Jesús dijo: "…En el mundo tendréis aflicción…" (Jn. 16:33).

¿Cómo reaccionas cuando llega la aflicción?

¿Te vuelves pesimista? ¿Te deprimes? ¿Te enojas con Dios?

En su excelente artículo "Cómo superar la depresión", publicado por la revista *Moody Monthly* [Moody mensual], Craig Massey dice: "A menudo el creyente agrava su depresión cuando se aleja del Señor. Dice, básicamente: 'No creo que estés conmigo. No creo que cuides de mí. No creo que me escuches'".[2]

Esta clase de respuesta al desconsuelo no es tan solo producto de estos tiempos llenos de tensión. Es característica de la naturaleza del hombre y hace siglos que aflora en los tiempos de prueba.

Un pueblo que dudó del cuidado de Dios

Al estar frente al Mar Rojo con el ejército de Faraón que les pisaba los talones, los israelitas dudaron del cuidado de Dios. El temor hizo que cuestionaran la bondad y el amor del Señor. Aunque habían sido testigos de su poder y protección al ser libres de la esclavitud de Egipto, ahora sucumbían bajo la presión. Por eso concluyeron que Dios se había olvidado de ellos y acusaron a Moisés de haberlos llevado al desierto para morir (Éx. 14:10-12).

Poco después de su diatriba contra Moisés, tuvo lugar uno de los milagros más grandes del Antiguo Testamento: el Mar Rojo se abrió ante ellos, y pudieron cruzar a salvo hacia su libertad. Esto acrecentó su fe y puso un cántico en su boca.

Pero tres días más tarde, la única fuente de agua que pudieron encontrar era amarga y no se podía beber. Entonces cayeron en depresión.

Dios siguió siendo paciente con sus hijos y endulzó las aguas de Mara. Allí les confirmó sus promesas y les garantizó su continuo cuidado (Éx. 15:23-27).

Eran las personas más felices del mundo.

Pero, al poco tiempo, se quedaron sin alimentos, y regresaron las nubes de tristeza. Esta vez, no solo se quejaron contra sus líderes, sino que insistieron en que hubiera sido mejor morir durante las plagas que habían caído sobre Egipto cuando Dios estaba obteniendo su liberación (Éx. 16:2-3).

Cada vez que llegaba la aflicción, volvían a pensar en Egipto. Y decían: "Ojalá…".

Dios viene a nuestro encuentro

Puede que, si miras atrás, te reproches por las malas decisiones que tomaste. Puede que las cosas en tu vida no estén bien y por eso digas: "Ojalá no me hubiera mudado… no hubiera cambiado de trabajo… o no me hubiera casado con mi cónyuge". Pero mirar atrás es en vano… e innecesario.

Dios viene a nuestro encuentro allá dónde estemos.

Como Él sabía que su pueblo tenía hambre, le proveyó maná para comer. Si los israelitas hubieran podido retroceder en el tiempo y revertir su decisión de dejar Egipto, se hubieran perdido una experiencia única e irrepetible: la única ocasión en que personas de este planeta comieron comida del cielo.

La adversidad también fue la causante de que la esposa de Job dudara del cuidado de Dios. Cuando su esposo disfrutaba de buena salud y riquezas, era fácil para ella ver la mano de Jehová en todos sus asuntos. No hay registro ni siquiera de una palabra negativa de ella durante su tiempo de prosperidad.

Después, llegó la aflicción.

Ella y su esposo perdieron todo, incluso sus siete hijos y tres hijas. Por último, Job perdió su salud; se cubrió de llagas de la cabeza a los pies. Era demasiado para esta mujer afligida, que reaccionó al cambio de sus circunstancias y concluyó que Dios los había olvidado. Entonces, de manera intempestiva e infame, le dijo a Job: "…¿Aún retienes tu integridad? Maldice a Dios, y muérete" (Job 2:9).

La mujer de Job podría ser la mujer más criticada de la Biblia. Pero su esposo, ante el lapsus de negativismo de ella, parece responderle tiernamente al decirle que está hablando como una mujer necia… no como acostumbraba hablar (Job 2:10).

The Pulpit Commentary [El comentario del púlpito] expresa lo siguiente acerca del lamentable exabrupto de la esposa de Job durante su tiempo de profunda depresión:

Los hombres suelen ser demasiado duros con la mujer de Job por su manera necia de hablar, pero se olvidan de su gran aflicción. En realidad, se comete una gran injusticia con ella; pues mientras a su esposo se le prodiga compasión y admiración, su compañera de tribulaciones apenas ha recibido un atisbo de lástima. Pero las aflicciones de él eran las aflicciones de ella. Ella había estado en opulencia y había sido madre de una familia feliz. Ahora estaba sumida en la pobreza y la desdicha; despojada de sus hijos; con un esposo, en otro tiempo honorable, ahora enfermo y degradado. ¿Acaso es de asombrarnos (extrañarnos) que profiriera palabras tan intempestivas e impacientes?[3]

Esto es consecuente con la respuesta de Job. Después de decirle a su esposa que su reacción no era propia de ella, sino de una mujer necia, le explica que el amor de Dios no ha cambiado a pesar de sus circunstancias difíciles (Job 2:10). La acertada comprensión de lo que estaban viviendo es una señal de su madurez espiritual. La dureza de la recusación negativa de su esposa puesta bajo presión, cuando dicha actitud no era propia de ella, muestra hasta qué grado la depresión puede exasperarnos y enfatiza la importancia de mirar más allá de las cenizas de las dificultades de la vida, a nuestro Señor que no cambia.

El ejemplo bíblico más conocido de creyentes bajo presión, que han dudado del cuidado de Dios, es el de los discípulos durante la tormenta del Mar de Galilea (Mr. 4:35-41). Después que Jesús les dio la orden de cruzar al otro lado, ellos comenzaron el viaje sin demorarse. Extenuado después del ajetreo de aquel día, el Salvador se durmió en la parte trasera de la barca, que se mecía.

De repente, se desató una gran tormenta. Los vientos soplaban fuerte, y se levantaban olas tan altas que comenzó a entrar agua en la barca, de tal manera que estaban en peligro de hundirse.

La tormenta en este pasaje representa las tormentas de la vida que todos atravesamos de vez en cuando, y toda aquella angustiosa experiencia está llena de lecciones prácticas. Tal vez, la más importante sea el concepto de que los cristianos tienen que atravesar pruebas en la vida, aunque estén estudiando y aplicando la Palabra de Dios y vivan en obediencia al Señor. En relación al peligro que experimentaron los discípulos, J. C. Ryle escribió lo siguiente:

> Ante todo, debemos saber que seguir a Cristo no nos eximirá del sufrimiento y la aflicción de esta tierra.
>
> Aquí se encuentran muy asustados los discípulos elegidos del Señor Jesús. El Pastor permite que la pequeña manada fiel se turbe. El temor de la muerte los asalta como si fuera un hombre armado. Pedro, Santiago y Juan, a punto de ser los pilares de la iglesia, están muy perturbados.
>
> En todo caso, quizás esperaban que la ayuda de Cristo los librara de las pruebas terrenales. Tal vez pensaban que aquel que resucitaba a los muertos, sanaba a los enfermos, alimentaba a las multitudes con unos pocos panes y peces, y echaba fuera a los demonios con una palabra nunca permitiría que sus siervos sufrieran en esta tierra. Tal vez suponían que Él siempre les concedería poder navegar sin problemas, con buen tiempo, por un camino fácil y libres de la aflicción y la preocupación.

Si los discípulos pensaban de este modo, estaban muy equivocados.[4]

Alarmados por su aparente peligro, los discípulos clamaron: "...Maestro, ¿no tienes cuidado que perecemos?" (Mr. 4:38). Y su pregunta nos revela que su problema era el mismo que el de los israelitas afligidos que seguían a Moisés, el de la esposa de Job y el de muchas personas de hoy día: en la adversidad, dudaron del cuidado de Dios.

En respuesta a su clamor, Jesús se levantó y reprendió al viento, y dijo al mar: "...Calla, enmudece..." (v. 39). Ante su orden, el viento dejó de soplar, y el mar se serenó. Y se hizo una gran calma. Después, Jesús hizo dos preguntas inquisitivas: "...¿Por qué estáis así amedrentados? ¿Cómo no tenéis fe?" (Mr. 4:40).

Estas son buenas preguntas para hacernos cuando estamos deprimidos.

Asustados, los discípulos se preguntaban entre ellos: "...¿Quién es éste, que aun el viento y el mar le obedecen?" (Mr. 4:41).

Puede que se hayan respondido: "¡Él es quien nos cuida en medio de la tormenta!".

Cualquiera que sea tu tormenta, dado que tu vida le pertenece, Él cuidará de ti.

Pruebas del cuidado de Dios

El cuidado de Dios se refleja en su creación. Una vez, cuando Martín Lutero cayó en depresión, escuchó el trino vespertino de un pájaro. Después vio al pájaro meter la cabeza bajo sus alas para dormir. Entonces dijo: "Esta pequeña ave comió y se está preparando para dormir, muy contenta, sin preocuparse por dónde encontrará su alimento o dónde dormirá mañana. Como David, mora bajo la sombra del Omnipotente. Se posa contenta sobre su pequeña ramita y deja que Dios cuide de ella". El ejemplo del ave sacó a Lutero de su desesperanza y le ayudó a seguir adelante con su importante trabajo.[5]

Jesús apelaba con frecuencia a lecciones de la naturaleza para demostrar el cuidado de Dios para con sus hijos. Habló de aves que no siembran, ni siegan ni guardan en graneros, pero que el Padre celestial las alimenta (Mt. 6:26). Y su mensaje con respecto a los lirios del campo es uno de los más alentadores de la Biblia para aquellos que atraviesan dificultades económicas:

> "Y por el vestido, ¿por qué os afanáis? Considerad los lirios del campo, cómo crecen: no trabajan ni hilan; pero os digo, que ni aun Salomón con toda su gloria se vistió así como uno de ellos. Y si la hierba del campo que hoy es, y mañana se echa en el horno, Dios la viste así, ¿no hará mucho más a vosotros, hombres de poca fe?" (Mt. 6:28-30).

En su libro, *La cuenta regresiva*, G. B. Hardy señala varios hechos científicos acerca de la Tierra y su relación con la atmósfera y otros planetas, que demuestran el cuidado del Creador. Él escribe:

> Ahora sabemos que el tamaño de nuestra Tierra no pudo haber sido una casualidad. Tiene justo el tamaño exacto para la subsistencia de la vida. El nivel de la atmósfera es óptimo... Apenas una alteración del diez por ciento en el tamaño de nuestro planeta, y la ciencia concuerda que no podría existir vida. De

hecho, la vida sobre la Tierra solo es posible debido a una cantidad increíble de "óptimos".[6]

Después de enumerar varios de estos "óptimos", tales como la atmósfera, la temperatura, la cantidad de nitrógeno y oxígeno en el aire, la inclinación de la Tierra, su velocidad de rotación y su distancia del Sol, compara la Tierra con los otros planetas de la siguiente manera:

> Estos planetas y sus lunas inertes e inánimes son testigos de la providencia y el portento de Dios. Están desiertos y desolados en la luz resplandeciente o la eterna oscuridad, en el calor abrasador o el frío mortal. Son testigos eternos para el hombre de lo que sería el mundo si un Dios de amor no lo hubiera creado meticulosamente para que fuera apto para la vida.[7]

Piensa en el cuidado de Dios la próxima vez que veas las fotografías de planetas desérticos que envían desde el espacio. Mira a tu alrededor y comprende que las personas son más importantes que cualquier otra parte de la creación de Dios.

Hace algunos años, mientras atravesaba una situación difícil, me hice el hábito matutino de mirar a través de la ventana de mi cuarto de estudio, para observar el paisaje, y decir: "Gracias, Señor, por permitirme vivir en este bello lugar". Descubrí que era una buena manera de comenzar el día de manera positiva. Apreciar la belleza que circunda mi casa me recuerda el gran poder de Dios, su gran plan y su atención a los detalles más minúsculos. Estamos rodeados de vida por todos lados, y aquella mirada a primera hora de la mañana junto a mi oración de acción de gracias me permite tener presente que mi Padre lo ideó todo... y lo sostiene.

El paisaje que veo por la mañana temprano a través de mi ventana siempre es nuevo. Con el cambio de estación, también cambian los colores y los ciclos de vida tan peculiares de nuestra región. Día a día, me conmuevo por el dramatismo que tengo ante mis ojos: los verdes brillantes de la primavera, los rojos y amarillos del otoño, la sobria belleza del invierno.

Y también hay las aves.

En la primavera, los petirrojos y otros pájaros llegan en busca de un clima cálido con una planificación familiar en mente. No los culpo por elegir este sitio para anidar y cuidar de sus crías. Yo hice lo mismo.

También hay épocas en las que se observan variedades más grandes. Los patos se inquietan y comienzan a trasladarse de un lago al otro. Algunas mañanas, me saluda el graznido de los gansos canadienses en formación de vuelo, y siempre me maravillo al verlos.

Finalmente, entramos en la época de las tormentas invernales. A no ser por los árboles de hojas perennes, el paisaje que veo a través de mi ventana es blanco. Muchas de las aves han emigrado con los de su especie a lugares más cálidos. Solo se quedan las más resistentes: la urraca azul, los cardenales, los gorriones... especialmente los gorriones, los alados más comunes. Y mientras observo estos animados clientes pardos, que esperan mi viaje hasta el comedero de aves, recuerdo que mi Padre celestial cuida de cada uno de ellos. Aunque solo una de estas aves pereciera en una ventisca invernal, Él lo sabría (Mt. 10:29).

¿Debería, pues, pensar que cualquier parte de mi vida es intrascendente para Él? ¿Debería dudar del cuidado de mi

Padre cuando llegan las aflicciones? Nunca. Nosotros valemos más que muchas aves (Mt. 10:31). Por eso podemos descansar en su cuidado.

El cuidado de Dios se puede ver claramente en que nos ha dado la salvación. Esta es la más grande historia de amor jamás contada: "Porque de tal manera amó Dios al mundo, que ha dado a su Hijo unigénito, para que todo aquel que en él cree, no se pierda, mas tenga vida eterna" (Jn. 3:16).

Ahora bien, esto es lo sorprendente: pensar que Dios cuidó tanto de nosotros que nos hizo ciudadanos del cielo, para después ser indiferente a los problemas y sufrimientos que encontramos en el camino a nuestro hogar celestial.

Nada podría estar más lejos de la verdad.

Todo el evangelio declara el permanente cuidado de Dios por los suyos. Herbert Lockyer ha escrito: "La justicia demandaba castigo por el pecado, y en su amor, Dios proveyó a Aquel que debía sufrir la muerte por cada hombre. Pero su justicia no puso en peligro su amor y misericordia. Si un corazón herido está tentado a sentir que Dios no ha actuado benigna o justamente con él, sería bueno que recordara el Calvario".[8]

Una mujer que había soportado un agudo dolor mientras estaba internada con artritis reumatoide en el hospital me dijo que había podido mantener la calma durante su sufrimiento al recordar todo lo que Jesús había soportado en la cruz. Ella sabía que el Señor la entendería.

Un ministro cuyos miembros de la congregación lo estaban criticando injustamente encontró la fortaleza de mantenerse en pie bajo sus mordaces ataques al pensar en los sufrimientos de su Salvador. Nadie lo había herido físicamente o maldecido en público. No lo habían crucificado ni injuriado como al

Maestro. Por lo tanto, pudo seguir siendo positivo mientras servía e incluso amaba a sus perseguidores.

C. H. Spurgeon escribió:

> Dios está con nosotros en la aflicción. No hay dolor que desgarre el corazón, me atrevo a decir que afecte al cuerpo, en el que Jesucristo no haya estado con usted. ¿Se siente afligido por la pobreza? Él no tuvo lugar donde recostar su cabeza. ¿Está de duelo por la muerte de un ser querido? Jesús lloró ante la tumba de Lázaro. ¿Ha sido difamado por causa de la justicia, y su espíritu está afligido? Jesús dijo: "El escarnio ha quebrantado mi corazón". ¿Lo han traicionado? No olvide que Jesús también sufrió la traición de un compañero allegado que lo vendió por el precio de un esclavo.
>
> ¿Qué tempestad tuvo que enfrentar que no haya azotado la barca de Jesucristo? ¡No hay valle de adversidad tan oscuro, tan profundo, a simple vista intransitable, en el cual, si se inclina, no descubra las pisadas de Aquel que fue crucificado! Cuando pase por el fuego y por los ríos, en el frío de la noche y bajo el sol abrasador, Él dirá: "¡Yo estoy contigo; no desmayes; pues yo soy tu Compañero y tu Dios!".[9]

El círculo del amor de Dios

Las actitudes negativas nos ganan cuando la desesperación nos lleva a concluir que algunos ámbitos de la vida están fuera del círculo del amor de Dios. Esta clase de pensamiento divide a Dios y limita la expectativa de su cuidado. Su amor, tan evidente en la creación y redención, se extiende a todos los ámbitos de la vida. Todas las cosas que atañen a los hijos de Dios atañen al Padre celestial. "Y sabemos que a los que aman a Dios, todas las cosas les ayudan a bien, esto es, a los que conforme a su propósito son llamados" (Ro. 8:28).

¿Estás pasando por pruebas?

¿Estás herido?

Nuestro Señor ha pasado por lo mismo.

"Al frente de la procesión de los que sufren, se encuentra un hombre coronado de espinas".[10]

Su nombre es Jesús.

Él te conoce y cuida de tu vida.

2

LA FE DESPEJA LAS DUDAS

La fe es positiva. La duda es negativa. Y hay productores de dudas por todos lados: la hipocresía, la traición de personas de nuestra confianza, los problemas familiares, la adversidad económica, los desastres naturales, la guerra, la enfermedad, la muerte.

Para ser positivo, comienzo cada día citando Hebreos 11:1: "Es, pues, la fe la certeza de lo que se espera, la convicción de lo que no se ve". A menudo agrego Marcos 9:23: "...Si puedes creer, al que cree todo le es posible". Recordar el poder de la fe me produce expectativa para el día.

El Dr. V. Raymond Edman, ex presidente y difunto rector de la Universidad de Wheaton, dijo: "La fe está muerta a las dudas, muda al desaliento, ciega a las imposibilidades, no conoce otra cosa que el éxito. La fe levanta sus manos y traspasa las nubes amenazadoras, para aferrarse fuertemente a Aquel que tiene todo el poder en el cielo y en la tierra. La fe hace que nuestra actitud hacia Dios sea buena, nuestra actitud hacia la vida sea prometedora, la actitud de nuestro ser interior sea favorable y el futuro sea glorioso".[1]

Las espectaculares oportunidades de la fe

No deberíamos sorprendernos de descubrir que la fe ejercitada en la vida diaria es la clave para una vida exitosa. La vida eterna se alcanza por medio de la fe en Jesucristo, y esta misma fe hace que la vida abundante que Él ha prometido sea una realidad aquí y ahora (Jn. 10:10). Spurgeon afirmó: "Una pequeña fe llevará su alma al cielo, pero una gran fe traerá el cielo a su alma".

Al leer la Biblia, no podemos dejar de asombrarnos por las espectaculares oportunidades de la fe. Los sacerdotes de Israel que llevaban el arca del pacto pusieron sus pies en las aguas del río Jordán; y al dar ese primer paso de fe, la corriente de las aguas se detuvieron, y toda la nación pudo cruzar desde el desierto hasta la Tierra Prometida (Jos. 4). Después de rodear Jericó persistentemente durante seis días, Josué hizo marchar a su ejército siete veces alrededor de la ciudad, y ante el grito del pueblo, los muros se cayeron (Jos. 6). El joven David menospreció al ejército de Saúl en su intento de hacerle frente al temible gigante filisteo, el guerrero Goliat. Y, con unas cuantas piedras lisas, David logró vencerlo (1 S. 17).

Una mujer que había estado enferma durante doce años tocó el borde del manto de Jesús, y al instante fue sanada (Mt. 9:20-22). Dos hombres ciegos siguieron al Salvador y clamaron a Él por misericordia. Jesús tocó sus ojos y les dijo: "...Conforme a vuestra fe os sea hecho", y en el instante recibieron la vista (Mt. 9:27-30). Una madre afligida se acercó a Jesús en busca de ayuda para su hija endemoniada. Y a causa de su gran fe, su hija quedó libre desde ese mismo momento (Mt. 15:28).

Hace diez años, mi esposa Pauline ingresó en el hospital para recibir tratamiento para lo que pensamos que era un caso grave de gripe. En cambio, se descubrió que estaba gravemente afectada por una condición crítica que ponía en peligro su vida. Por razones que aún desconocemos, su sangre había comenzado a destruirse a sí misma. Nuestro médico explicó que ella se había vuelto alérgica a su propia sangre.

Después de recibir las noticias sobre la gravedad de la condición de Pauline, salí del hospital y regresé a mi casa.

Mientras recorría mi casa, veía pruebas de su dedicada labor por todos lados: los cuadros en las paredes, los adornos sobre los muebles, su decoración artesanal; en cada rincón de la casa predominaba su toque especial. Mi corazón estaba tan apesadumbrado, que cuando terminé mi recorrido por la casa en oración, mi rostro estaba bañado en lágrimas.

Justo en ese momento, la puerta trasera se abrió, y entró David, nuestro hijo mayor. Al ver mis lágrimas, me abrazó y dijo: "No te preocupes, papá. Estamos orando, y todo va a estar bien. Ten fe".

Fe.

¡Cuánto la necesitaba!

En varias ocasiones, había estado con otras personas cuando la vida de alguno de sus seres amados estaba en peligro y las había animado a creer; pero esta vez era diferente. Una cosa es exhortar a los demás, y otra es experimentarlo.

Durante los difíciles días que siguieron, me motivé con la promesa dada en Mateo 17:20: "...si tuviereis fe como un grano de mostaza, diréis a este monte: Pásate de aquí allá, y se pasará; y nada os será imposible". Este versículo me presentaba un reto y a la vez me impartía esperanza. Anhelaba ponerlo a prueba y sacarle provecho.

Valoré profundamente los esfuerzos que los médicos hicieron durante esta crisis; pero lo único que podían hacer era administrarle corticoides y hacerle transfusiones de sangre para mantenerle con vida; al parecer no había mucho más que hacer. La fe ofrecía otra magnitud de esperanza que atravesaba las nubes, de modo que oré fervientemente, y cientos de otras personas oraron conmigo.

Después llegó una llamada telefónica alentadora de la oficina de nuestro médico familiar. La recepcionista tenía instrucciones específicas de decirme inmediatamente que esa llamada no era para darme malas noticias. Cuando finalmente tomó la línea el médico, sus palabras fueron: "Sea lo que sea que esté haciendo, siga haciéndolo". El recuento de glóbulos de la sangre de Pauline estaba aumentando.

Más de diez años han pasado desde aquel espantoso viaje hasta las puertas de la muerte, y mi esposa no ha vuelto a tener ninguna recaída de aquel padecimiento. Nuestra montaña se movió. ¡Y estamos agradecidos!

Todo es posible para Dios

La fe grande se desarrolla basada en la convicción de que todo es posible para Dios. La mayoría de los cristianos cree esto, pero pocos actúan basándose en lo que creen. Aceptan su omnipotencia intelectualmente, pero esto no afecta mucho sus vidas. En consecuencia, los problemas son motivos de gran preocupación, las cargas se vuelven demasiado pesadas de sobrellevar, y enfrentan el futuro con temor.

Cuando Joel Carlson, jugador de 1,95 m del equipo de básquet de la Universidad Bautista de Grand Rapids, regresó a su casa en Coloma, Michigan, para las vacaciones de Navidad, no tenía idea de que a las pocas semanas jugaría el torneo más difícil de su vida. Había planeado tomarse un placentero descanso de los estudios con su familia, con la intención de regresar al equipo de básquet que viajaría a Ohio para el torneo que comenzaba el fin de semana de Año Nuevo.

Dado que el reciente examen físico que Joel se había realizado mostraba que su presión sanguínea estaba un poco más elevada de lo normal, visitó a su médico familiar para realizarse algunos supuestos exámenes de rutina. Pero los exámenes revelaron que el corazón de Joel no estaba funcionando bien, y sin saberlo, hacía tiempo que su vida pendía de un hilo.

El problema del corazón de Joel era la irregularidad de sus latidos y palpitaciones. A veces, los latidos de su corazón se incrementaban a doscientos cuarenta latidos por minuto, y otras veces decrecía a treinta latidos por minuto. A veces palpitaba tan rápidamente que no bombeaba sangre.

En la víspera de Año Nuevo, lo internaron en el Hospital General de Berrien (cerca de su casa) y lo colocaron en la unidad de cuidados intensivos, donde monitoreaban continuamente su corazón. Estaba sorprendido de ver que ante el mínimo sonido de la alarma de su monitor, los médicos y las enfermeras acudían inmediatamente a su cama. Él se había sentido de esa manera muchas veces recientemente, incluso en la cancha de básquet, sin darse cuenta de que su vida corría peligro.

El segundo día en el hospital, tuvo que enfrentarse a la realidad. El médico de Joel le dijo que probablemente nunca volvería a jugar al básquet. Aquel era un trago muy amargo, porque implicaba tener que tomar una dirección totalmente nueva en su vida. Joel estaba estudiando la carrera de educación física en la universidad, con la meta de ser entrenador de básquet; de modo que, aunque era su último año, debía cambiar de carrera. Otra de las noticias traumatizantes era que la única solución al problema de mantener su ritmo cardíaco normal parecía ser un marcapasos (un dispositivo eléctrico que estimula el músculo del corazón para que se contraiga a un cierto ritmo regular).

Algunos meses antes de que Joel se enfermara, yo les había enviado un ejemplar de mi libro *Lord, I'm Afraid* [Señor, tengo miedo] a los padres de Joel. Él había leído el libro y había notado particularmente el uso de Jeremías 32:27 como un antídoto para el temor con respecto a la salud cuando la esperanza es escasa: "He aquí que yo soy Jehová, Dios de toda carne; ¿habrá algo que sea difícil para mí?". Entonces, mientras su familia, los miembros de su iglesia y muchos otros oraban, él se aferró a este poderoso edificador de la fe y creyó que Dios podía ayudarlo.

Con la esperanza de evitar el implante de un marcapasos, el médico de Joel le dio un tratamiento medicinal para tratar de regular su ritmo cardíaco; pero Joel respondió al tratamiento con fiebre alta, lo cual duplicaba su problema. En consecuencia, tuvieron que interrumpir los medicamentos y transferir a Joel al Hospital de la Universidad de Illinois en Chicago para que un especialista le realizara exámenes más exhaustivos y tomaran la decisión concerniente a la necesidad de un marcapasos.

Cuando Joel llegó al hospital de Chicago, la paz de Dios lo había invadido, y no tenía temor. La fe había disipado sus temores. Además comenzó a ver el hospital como un campo misionero donde cada persona que conocía era una oportunidad de testificar de su fe en Cristo.

Cuando le terminaron de realizar todos los exámenes, era evidente que había sucedido un cambio en el cuerpo de Joel. Dios había honrado su fe y había respondido su oración y las oraciones de sus familiares y amigos. Su corazón ahora era perfectamente normal.

Cuando le dieron de alta en el hospital, su médico le dio la noticia de que podía hacer todo lo que quisiera; incluso jugar al básquet. A las pocas semanas, regresó a su posición dentro del equipo universitario; una demostración viva de que todo es posible para Dios.[2]

Dado que vivimos en un mundo lleno de aflicciones, hay muchas oportunidades de ejercitar la fe. Estas situaciones podrían tener la apariencia de problemas, pero la fe las ve como oportunidades. El famoso misionero Hudson Taylor dijo una vez que le agradaba encontrarse en situaciones difíciles porque eran oportunidades de ver cómo Dios le daba la salida.

La fe encuentra la salida

Ante las dificultades, la fe adquiere una nueva dimensión para tener en cuenta. Cuando Thomas Edison comenzó a desarrollar el fonógrafo, tuvo que lidiar con muchos problemas. Los tonos altos eran chillones, y los tonos bajos eran apagados. Entonces contrató a un hombre para que le ayudara a resolver el problema; pero después de trabajar durante dos años, el hombre se acercó a Edison desalentado, con deseos de abandonar el proyecto. Edison le respondió: "Creo que para cada problema que Dios nos ha dado, Él tiene una salida. Puede que no la encontremos, pero algún día alguien lo hará. Vuelve a intentarlo un poco más".[3] Todos conocemos los resultados de aquel esfuerzo adicional que surgió de la fe de Edison en la potestad de Dios para mostrarnos una salida a todos los problemas de la vida.

La fe ofrece una alternativa.

En la mayoría de las pruebas que vivimos, la fe encuentra una salida.

Cuando Jesús llegó a la casa de María y Marta en Betania, su hermano Lázaro había muerto. Marta pensó que ya no había esperanzas y dijo: "…Señor, si hubieses estado aquí, mi hermano no habría muerto" (Jn. 11:21). Después, su fe agregó otra posibilidad: "Mas también sé ahora que todo lo que pidas a Dios, Dios te lo dará" (Jn. 11:22).

La respuesta del Señor confirmó la fe de Marta: "…Tu hermano resucitará" (Jn. 11:23).

Pero después la fe de Marta se debilitó: "...Yo sé que resucitará en la resurrección, en el día postrero", respondió ella (Jn. 11:24).

En ese momento, Jesús exhortó a esta hermana afligida a fortalecerse en la fe, y le dijo: "...Yo soy la resurrección y la vida; el que cree en mí, aunque esté muerto, vivirá. Y todo aquel que vive y cree en mí, no morirá eternamente. ¿Crees esto?" (Jn. 11:25-26).

Marta creyó, y su fe fue recompensada.

Al poco tiempo, su hermano, que hacía cuatro días que estaba muerto, salió caminando de la tumba ante el llamado de Jesús. El Señor había sido fiel a su palabra. La promesa de Jesús había sido digna de la fe de ella.

Thomas N. Carter, un ex convicto, relató la estremecedora historia de la fe de su madre. Él había estado descarriado durante muchos años, hasta que finalmente había ido a parar a la cárcel. En una ocasión, mientras estaba preso, su madre recibió un telegrama de la cárcel que decía que él había muerto, y le preguntaban qué quería hacer con el cuerpo.

La madre de Carter había orado durante años para que un día se convirtiera y fuera un predicador del evangelio. Largas horas de rodillas con su corazón lleno de promesas bíblicas le habían dado la seguridad de que Dios respondería su oración. Ahora, conmocionada ante la noticia del telegrama, les pidió a los miembros de su familia que no la molestaran mientras pasaba tiempo en oración.

Abrió la Biblia, colocó el telegrama al lado y comenzó a orar: "Oh Dios, creo en la promesa que me has dado en tu Palabra, que Tom sería salvo y predicaría el evangelio, y ahora este telegrama dice que él está muerto. Señor, ¿cuál es la verdad, este telegrama o tu Palabra?".

Cuando la fiel madre se levantó de su posición de rodillas, segura de la respuesta de Dios, le envió un telegrama a la cárcel que decía: "Debe haber un error. Mi hijo no está muerto".

Y hubo un error. Tom Carter estaba vivo y, cuando cumplió su condena en la cárcel, se convirtió en un predicador del evangelio. La fe de una madre había movido otra montaña.[4]

La fe crece con la ejercitación

Las pruebas no son enemigas de la fe, sino oportunidades para comprobar la fidelidad de Dios. George Müller de Bristol, Inglaterra, que llegó a ser mundialmente conocido por su fe al orar por millones de dólares para sostener orfanatos, denominaba las pruebas como "el alimento de la fe". Él las consideraba ocasiones para ejercitar la fe. Y para que nuestra fe crezca, necesitamos ejercitarla.

Müller escribió:

> Algunos dicen: "¡Oh, yo nunca tuve el don de fe que tiene el señor Müller!". Este es un error —es el error más grande—, no hay una partícula de verdad en ello. Mi fe es la misma clase de fe que han tenido todos los hijos de Dios. Es la misma clase de fe que tuvo Simón Pedro, y todos los cristianos pueden obtener una fe así. Mi fe es la misma fe de ellos, aunque tal vez tenga más porque la he desarrollado más al ejercitarla más que ellos. La fe de ellos es precisamente la fe que yo ejercito; solo en lo que respecta al grado, la mía puede ser ejercitada con más firmeza.[5]

La importancia de ejercitar la fe para desarrollarla la notamos en las experiencias de los héroes de la Biblia. Cuando

Moisés alzó su vara y dividió el Mar Rojo, *ya* había sido testigo del poder de Dios al traer las plagas sobre Egipto. La caída de los muros de Jericó sucedió *después* que Josué condujo a su pueblo a través de las aguas desbordantes del río Jordán. David pudo enfrentar a Goliat con confianza, porque *previamente* había vencido a las bestias salvajes que atacaban las ovejas de su padre.

Para incrementar tu fe, comienza a usar la fe que tienes ahora. Haz algo que demande fe. Confía que Dios hará algo por ti que nadie más puede hacer. Flexiona tus músculos espirituales. Espera que Dios intervenga y cumpla sus promesas. Te emocionarás con los resultados.

La fe vence

Las influencias negativas nos afectan diariamente. Experimentamos dolor físico y emocional, enfrentamos conflictos con personas desagradables, recibimos facturas inesperadas y pasamos por hospitales y cementerios.

Los cambios climáticos no siempre son de nuestro agrado. Suceden desastres naturales que traen destrucción. El delito parece no tener riendas, y tenemos la impresión de que las tensiones internacionales nos están arrastrando a un holocausto nuclear.

Tampoco podemos ignorar las maquinaciones de Satanás de oprimirnos y derrotarnos. Job gozaba de buena salud y riquezas antes que el diablo lanzara su ataque sobre él; pero después perdió todo lo que tenía. A pesar de ello, el clamor desde su pozo de destrucción es testigo de la conquista de su sufrimiento por medio de la fe: "Yo sé que mi Redentor vive, y al fin se levantará sobre el polvo" (Job 19:25).

Nuestra fe también nos hace victoriosos en la aflicción:

"Porque todo lo que es nacido de Dios vence al mundo; y esta es la victoria que ha vencido al mundo, nuestra fe" (1 Jn. 5:4). Esta fe es suficiente aun para los tiempos de ataque y opresión satánica: "Hijitos, vosotros sois de Dios, y los habéis vencido; porque mayor es el que está en vosotros, que el que está en el mundo" (1 Jn. 4:4).

Sin embargo, la fe que vence y mueve montañas no se basa en sí misma. Antes bien, está cimentada firmemente en Dios, que es fiel. La fe fuerte sería infructuosa si el objeto de nuestra fe no fuera fuerte.

El lugar de descanso de la fe

Mientras estaba a la ribera del río Misisipi, alcé la vista y vi que el puente, que cruzaba el río no muy lejos de donde yo estaba, se había roto. Un camión grande había sido demasiado para aquella estructura, y parte se cayó después que el afortunado conductor del camión logró cruzar a salvo hasta el otro lado.

No hubo nada malo con la fe del conductor del camión, pues lo había arriesgado todo al cruzar. Pero el puente no merecía su fe. Aunque logró salvar su vida, el puente se cayó por la carga que tuvo que soportar.

Nuestro Señor no es como ese puente roto.

Él nunca falla.

Un centurión del ejército romano se acercó a Jesús en busca de ayuda para su criado que estaba enfermo de parálisis y sufría mucho. Jesús le aseguró al hombre que iría a su casa y sanaría a su criado. Al escuchar la promesa del Señor, el centurión respondió: "…Señor, no soy digno de que entres bajo mi techo; solamente di la palabra, y mi criado sanará. Porque también yo soy hombre bajo autoridad, y tengo bajo mis órdenes soldados;

y digo a éste: Ve, y va; y al otro: Ven, y viene; y a mi siervo: Haz esto, y lo hace" (Mt. 8:8-9).

El Señor se conmovió por la plena confianza del centurión, y le dijo: "…De cierto os digo, que ni aun en Israel he hallado tanta fe" (Mt. 8:10).

La fe del centurión resultó ser grande, porque él creía que el poder de Cristo era suficientemente grande para suplir su necesidad. Él no limitaba el poder del Señor para responder su petición. Su simple confianza en el poder de Cristo implicaba una gran fe. Como resultado de su fe, su criado fue sanado.

Nuestra fe crece en exacta proporción a nuestra confianza de que Dios puede hacer cualquier cosa que le pidamos, ¡y lo hará! "¡Oh Señor Jehová! he aquí que tú hiciste el cielo y la tierra con tu gran poder, y con tu brazo extendido, ni hay nada que sea difícil para ti" (Jer. 32:17)

El doctor en medicina Len G. Broughton dio testimonio de que un predicador rural acabó con todo su escepticismo en un solo sermón. Hasta ese momento, Broughton no había podido aceptar el milagro del nacimiento virginal de Cristo.

Dado que había comenzado su práctica médica en una zona rural, asistió a la reunión del servicio dominical que se llevaba a cabo en una iglesia antigua. El pastor tomó el primer versículo de la Biblia como su texto base y explicó que ese versículo contenía el único misterio del universo. Entonces les dijo a sus oyentes que si podían creer que Dios estuvo allí desde el principio, podían creer el resto de la Biblia.

El Dr. Broughton aceptó la lógica del pastor rural y en ese momento cambió sus dudas por la fe. Desde entonces, Dios le fue suficientemente grande para hacer cualquier cosa.[6]

Sea cual sea tu situación actual, Dios está haciendo algo. Él se especializa en trabajar en la oscuridad. Mientras la duda podría causarte aflicción por la enormidad de tu problema y tu incapacidad de encontrar una salida, recuerda que la fe encuentra la salida alternativa. Al ejercitar la fe, tu adversidad actual podría convertirse en tu mejor aventura.

En su propicio poema "Caminar por fe", Wava Campbell compara caminar por fe con caminar por vista. Ella describe muy bien nuestras opciones:

> Caminar por fe es una gran aventura;
> cada día que pasa, nuestro espíritu se maravilla;
> ver la mano de Dios, saber qué nos ha de suceder,
> Él conoce y nos mostrará qué camino escoger.
>
> Caminar por vista es una gran tragedia;
> nuestro espíritu decae, y nuestro corazón se enfría.
> Hace andar al cristiano a ciegas y a tientas;
> hace que su cuerpo se canse y envejezca.
>
> Cómo caminar en la vida es nuestra decisión.
> Dios nos deja a nosotros la elección.
> Si elegimos caminar por vista, no hemos de ver.
> Pero por fe, su voluntad hemos de ver, sentir y conocer.[7]

3

REPROGRAMA TU VIDA

—Ay, pastor, usted siempre está alabando a Dios y hablando de victorias, pero no escucha usted las cosas que escucho yo —me dijo un miembro de mi iglesia.

—¡Alabado sea Dios! —respondí.

Los pocos comentarios negativos que estaban circulando entre algunos miembros de mi congregación en ese momento, evidentemente, no eran demasiado graves. Después de aquella conversación, seguí siendo pastor de esa iglesia durante diez años más, y esos fueron unos de los años más felices de mi vida. Las instalaciones de la iglesia ya nos quedaban pequeñas, de modo que necesitábamos un proyecto de construcción más grande y la fundación de dos iglesias nuevas. Si hubiera permitido que esos comentarios me desalentaran, estoy seguro de que mi servicio al Señor no hubiera prosperado y que mi capacidad de ayudar a otros se hubiera visto restringida. Y la derrota hubiera triunfado sobre la victoria.

En realidad, mi preocupado feligrés pronto se dio cuenta de la realidad. Y vino a verme para decirme que se había distanciado de la fuente de negativismo que lo había estado perturbando. Se trataba de una familia. Mientras limitaba el tiempo que pasaba con esa familia, podía mantenerse positivo. Pero cuanto más tiempo pasaba en compañía de ellos, más influenciado era por sus constantes quejas. Como resultado, decidió relacionarse con personas que ejercieran una influencia positiva sobre él. Su experiencia le había enseñado una valiosa lección:

DEMASIADAS INFLUENCIAS NEGATIVAS PUEDEN
PERJUDICAR LA SALUD ESPIRITUAL.

Algunas negativas necesarias

Ahora bien, desde luego, hay algunas negativas que convienen en la vida, aun en la vida cristiana. Como sal de la tierra y luz del mundo (Mt. 5:13-16), debemos oponernos a algunas cosas. Vivir piadosamente implica negarse a hacer el mal; para llevar una vida piadosa, es necesario rechazar el mal: "El temor de Jehová es aborrecer el mal…" (Pr. 8:13).

Los cristianos somos ciudadanos de otro mundo mientras atravesamos este (Fil. 3:20). Y esto nos presenta algunos problemas.

Estamos rodeados de tentaciones e influencias terrenales, pero no debemos poner nuestro corazón en ellas. Como peregrinos y extranjeros en esta tierra (1 P. 2:11), debemos amar las cosas de arriba (Col. 3:2). Juan nos advierte: "No améis al mundo, ni las cosas que están en el mundo. Si alguno ama al mundo, el amor del Padre no está en él" (1 Jn. 2:15).

Algunos cristianos han interpretado que la separación del mundo implica tan solo abstenerse de ciertas actividades denominadas "mundanas". Dicho concepto es erróneo, pues omite el lado positivo de la separación.

Aquellos que han hecho de Cristo su principal interés en la vida no tendrán mayores problemas en dejar las actividades que no les convienen. Cuando el creyente ama a Cristo con todo su corazón, no le cuesta negarse a practicar ciertas cosas que no le convienen, porque está tan ocupado en el Señor que el mundo ya no le atrae. No es legalismo, sino que el amor por Cristo hace que la vida cristiana sea dinámica.

No acentúes lo negativo

Cuando le prestamos demasiada atención a lo negativo, nos convertimos en expertos en la crítica y la queja. El elocuente T. de Witt Talmage escribió acerca de aquellos que tienen la manía de criticar todo el tiempo: "Propongo esto como una regla sin excepción: las personas que tienen más defectos son las más despiadadas cuando observan a los demás".[1]

Los cristianos que se quejan raras veces entienden esta triste verdad: su constante manía de criticar y quejarse, por cierto, va más allá del objeto de sus quejas; va directamente ante el trono de Dios.

Si nos quejamos por nuestras circunstancias, nos estamos quejando de Dios, pues Él es el que controla o permite las cosas que suceden en nuestra vida.

Los cristianos descontentos nunca son un testimonio vivo. Puede que sean eficientes en hacer ver los problemas o dividir a los creyentes, pero carecen del poder que el amor produce en la vida cristiana y en todo el servicio cristiano (1 Co. 13). Son infelices por muchas cosas, porque están disconformes con Aquel que está a cargo de todas las cosas.

Quejarse es un acto de rebeldía. Pero ¿cómo puede una persona romper con el hábito de quejarse? ¿Cómo puede aprender a rechazar el negativismo? ¿Cómo puede convertirse en una persona positiva?

Al reprogramar su vida.

Esa persona debe cambiar sus patrones de pensamiento.

A esto se refería Pablo cuando enseñó a los creyentes de Filipos a tener y mantener la paz de Dios. Él les aconsejó:

"Por nada estéis afanosos, sino sean conocidas vuestras peticiones delante de Dios en toda oración y ruego, con acción de gracias. Y la paz de Dios, que sobrepasa todo entendimiento, guardará vuestros corazones y vuestros pensamientos en Cristo Jesús. Por lo demás, hermanos, todo lo que es verdadero, todo lo honesto, todo lo justo, todo lo puro, todo lo amable, todo lo que es de buen nombre; si hay virtud alguna, si algo digno de alabanza, en esto pensad" (Fil. 4:6-8).

¡Esto sí es pensamiento positivo! Aquí tenemos un contexto totalmente bíblico. Sin embargo, muchos cristianos ignoran esta clara instrucción.

El sabio Salomón explicó que somos lo que pensamos (Pr. 23:7). Por lo tanto, no podemos fomentar los pensamientos negativos y convertirnos en personas positivas.

Evita las influencias negativas

Pero ¿cómo podemos evitar que nos controlen las influencias negativas que nos rodean y nos confrontan cada día?

Ten presente estas sugerencias:

• *Reduce tu consumo de noticias*. Somos las personas más informadas de la tierra, de todos los tiempos, y esta es una carga pesada para llevar.

Hace años, la persona típica se preocupaba principalmente por los acontecimientos de su comunidad local. Hoy día, tenemos el cuestionable privilegio de enterarnos de casi todo lo que anda mal en el mundo cada día. Estamos conectados a las agencias de noticias de todo el planeta y, si no tenemos cuidado, nos encontraremos llevando una carga tan pesada que terminará por agobiarnos por completo.

Las noticias mundiales no solo están fácilmente a nuestro

alcance, sino que por voluntad propia les damos cabida en nuestra mente. Al despertarnos, miramos el noticiero de la mañana mientras nos damos prisa para desayunar. Al mediodía, podemos sazonar el almuerzo con toda la violencia de la primera mitad del día, cuya información se ha estado repitiendo durante toda la mañana mediante breves noticias, como mínimo, a cada hora. Al terminar la cena, los periodistas y reporteros describen los sucesos de la manera más alarmante posible y perjudicial para nuestra digestión, a menos que dejemos de mirar el noticiero.

Si decidimos relajarnos y mirar un par de horas de programación televisiva amena, nos encontraremos con interrupciones periodísticas e informes al minuto, destinados a despertar nuestro interés por el resumen de noticias de última hora. Finalmente, justo antes de irnos a dormir, podemos ver la repetición del asesinato o acto de violencia del día, para estar al tanto de toda la miseria del mundo. Es probable que también incluya un informe de las tensiones internacionales que contribuyen a una acelerada carrera armamentista, que nos recuerda la espantosa posibilidad de que estalle, accidental o intencionalmente, una guerra nuclear en el mundo, mientras dormimos.

En una época, estaba tan obsesionado con estar al tanto de las noticias de última hora, que había sincronizado los botones de mi radio de manera tal que me permitiera escuchar las últimas noticias con la mayor frecuencia posible en las estaciones radiales que, según mi parecer, mejor me mantenían informado. Así, cada vez que conducía mi automóvil, pulsaba periódicamente los botones indicados y podía sentir que estaba al día de las noticias mundiales.

Posteriormente, al atravesar un tiempo de gran estrés, de

repente me di cuenta de que parte de mi problema era culpa mía. Estaba alimentando mis temores, porque siempre aprovechaba cada momento que podía para escuchar noticias preocupantes. Por lo tanto, volví a sincronizar mi radio y comencé a descartar mucho de lo que anteriormente había estado invitando a mi mente. El resultado positivo de esta medida demostró ser gratamente sorprendente.

Mi decisión de dejar de leer el periódico por un tiempo demostró ser otra experiencia productiva. Mientras me estaba preparando para escribir un libro sobre el temor, intenté esta medida como un experimento, pues consideraba que algo bueno saldría de mi decisión de eliminar mi consumo de noticias de violencia. Esto fue hace cinco años, y desde entonces no he vuelto a leer un diario. ¿Extremo? Tal vez, pero me ayuda, ¡además ahorro dinero!

El año pasado, mientras estaba predicando en una iglesia, mencioné mi decisión de dejar de leer el periódico y cuán conforme estaba con el resultado. Después del servicio, una mujer se acercó y me dijo que había estado sufriendo de muchos temores y que iba a poner en práctica mi sugerencia para ver si le daba algún resultado. Unos meses después, hablé con ella y gozosamente me dijo que su ansiedad había desaparecido.

¡No me malinterpretes!

Reducir nuestro consumo de noticias no significa que vamos a ir por la vida sin afrontar la realidad. Por lo general, leo una revista informativa de edición semanal, así como un periódico local de edición semanal con información de los acontecimientos de nuestra comunidad. Veo solo un noticiero televisivo por día. Y de vez en cuando, compro el diario del día, sobre todo cuando hay alguna noticia de mi especial interés.

Sin embargo, ahora controlo mi nuevo consumo de información. Puedo limitarme a secciones del periódico o a artículos que creo que serán productivos para mí. Ya no devoro las noticias. A la hora de dejar entrar noticias a mi mente, yo soy el reportero. Y mi intención es seguir así.

• *Elimina el entretenimiento negativo.* Escoge bien lo que lees y lo que miras. Deja de escuchar y mirar cosas que afecten negativamente a tu vida.

Una vez, una familia me pidió que visitara a su abuela que estaba en el hospital. Al entrar a la habitación de esta abuela, vi que estaba leyendo un libro, pero ¡cuya cubierta era bochornosa!

Al verme, de inmediato escondió el libro, claramente avergonzada de que la encontrara justo cuando estaba leyendo ese libro. Temí haber arruinado el día de la abuela; y que aquella experiencia podría haberla llevado a pensar mal de los ministros. Pero la verdadera razón de su desagradable experiencia era el libro que había elegido para leer durante su estadía en el hospital.

Cualquier actividad, entretenimiento, recreación o pasatiempo que viola tus convicciones te produce un conflicto interior que te provoca sentimientos negativos. Si te sientes culpable de lo que miras, lees o haces, tú mismo te estás condenando (1 Jn. 3:20); de modo que tu autoestima se vendrá abajo. Contristar al Espíritu Santo de esta manera te robará la paz interior que viene de someterte a su control constantemente (Ef. 4:30). Y tú serás el que pierda.

Lee libros provechosos.

Limítate a mirar programas de televisión que te hagan sentir positivo, inspirado, motivado y optimista. ¡Aunque te costará encontrar programas así en algunos canales!

Elige actividades que sean consecuentes con tus convicciones cristianas y de las que no tengas que avergonzarte cuando el Señor vuelva (1 Jn. 2:28).

• *Deja de escuchar a aquellos que hablan mal de los demás.* En su libro, *Cómo vencer la depresión*, Tim LaHaye advierte:

> No hay lugar en la vida cristiana para el negativismo. Dado que estamos tan relacionados con el poder de Dios, no deberíamos esperar otra cosa que éxito. Evite a la persona quejicosa, rezongona y criticona; sobre todo, evite imitarla.
>
> El negativismo, el pesimismo, el refunfuño, la crítica y la murmuración no solo son nocivos, sino contagiosos. De hecho, los afianza en su mente cada vez que los verbaliza. Procure que sus conversaciones *y* sus pensamientos sean positivos todo el tiempo.[2]

En estado crítico

Una angustiada esposa cristiana me contó las razones de su desconsuelo. Las cosas no estaban bien en su hogar. Y un grupo de su congregación se estaba quejando mucho de su iglesia y su pastor. Casi todas las reuniones sociales acababan en un tiempo de murmuración y crítica contra el siervo de Dios y su ministerio. Ocasiones para tener comunión, que deberían ser edificantes, terminaban siendo momentos para recapitular sobre todas las cosas negativas que habían hablado en la última reunión y para agregar cosas nuevas. Aunque esta mujer no había participado de aquellas sesiones de difamación, había sido afectada negativamente al escuchar a los que una y otra vez hacían comentarios negativos.

El negativismo es a menudo como una epidemia. A veces su propagación es casi imposible de detener. Los pensamientos y las palabras negativas acerca de un tema pueden salpicar a otros ámbitos que parecen no tener ninguna relación. En el caso anteriormente mencionado, el veneno que se estaba esparciendo en un pequeño grupo de murmuradores de la iglesia estaba ahora amenazando a un matrimonio. Al degradar a la iglesia y al pastor, este grupo de murmuradores estaba destruyendo el fundamento sobre el cual esta pareja atribulada había edificado su matrimonio.

Evita a los murmuradores.

Niégate a escuchar chismes nocivos.

Recursos positivos

• *Profundiza tu vida devocional.* Eliminar las cosas negativas no será suficiente. Debes acentuar las cosas positivas. Y la Biblia es el mensaje positivo de Dios para las personas heridas.

Recuerda: la fe es positiva, y la Biblia es la fuente de la fe: "Así que la fe es por el oír, y el oír, por la palabra de Dios" (Ro. 10:17).

• *Los cristianos que sacan el máximo provecho de la vida cristiana y son positivos son aquellos que asisten a la iglesia con regularidad.* Hace algunos años, varios "expertos" estaban prediciendo la extinción de las iglesias organizadas; pero las predicciones fallaron, porque las iglesias locales son el designio de Dios para sus hijos en esta era. La Biblia nombra las autoridades de la iglesia y claramente explica sus deberes.

El deber de un pastor es hacer que la vida de sus fieles sea positiva. Fíjate cómo lo expresa Efesios 4:11-12: "Y él mismo constituyó a unos, apóstoles; a otros, profetas; a otros, evangelistas; a otros, pastores y maestros, a fin de perfeccionar a los santos para la obra del ministerio, para la edificación del cuerpo de Cristo".

El designio de Dios es que el pastor y los otros líderes de la iglesia te ayuden a crecer en tu vida cristiana, para que puedas hacer la obra del ministerio y edificar el cuerpo de Cristo. Pero cuando eres negativo y crítico, desde luego, no puedes ministrar a las personas necesitadas y ser una bendición para la iglesia. Entonces, Dios es responsable de darle sabiduría y conocimiento espiritual a tu pastor, para que pueda llevarte a un plano superior y hacer de ti un cristiano fructífero y capaz de ser un ejemplo positivo para los demás. Dios hará su parte; pero si no asistes regularmente a la iglesia, te perderás muchas de las bendiciones destinadas para tu vida.

Un pastor hizo este comentario en una reunión en la que estuve presente: *Los cristianos solo ven problemas o solo ven el poder de Dios*. Este conciso análisis me ha sido de beneficio durante veinte años. Son muchas las veces que estas palabras me han ayudado a poner el punto de mira en el poder de Dios y no en mis problemas. Pero si no hubiera estado presente en aquella reunión, no hubiera escuchado ese sabio comentario, y mi ausencia hubiera tenido un efecto negativo en mi vida.

• *El estudio bíblico y la oración en privado también contribuyen enormemente a una perspectiva positiva*. Al aconsejar a personas con problemas, he descubierto que la pregunta más reveladora es: "¿Cómo es su vida devocional?". En casi todos los casos de abatimiento o depresión, una de las causas ha sido una débil vida devocional.

¿Cómo se desarrolla una vida devocional intensa?

Desde luego, esto varía según la persona. Los hábitos devocionales que dan resultado a algunos, podrían no ser prácticos para otros. El horario de trabajo, las responsabilidades educativas e incluso si la persona es madrugadora o trasnochadora pueden ser factores a tener en cuenta. D. L. Moody solía levantarse a las cuatro de la mañana para orar y estudiar la Biblia, pero los que traten de imitarlo podrían sentirse exhaustos al mediodía y sin fuerzas para el resto del día. Debemos tener cuidado de tratar de calzar la horma que les calza bien a los demás.

Tal vez lo más importante a tener en cuenta sobre el devocional bíblico es que debería ser una experiencia en la que aprendamos a alimentarnos. Las guías devocionales son de ayuda, y recomiendo su uso; pero no deberíamos conformarnos con recibir nuestro alimento espiritual solo de los demás. Estas ayudas deberían ser un trampolín para zambullirnos en el estudio bíblico por nuestra cuenta.

A mí me resulta provechoso leer libros enteros de la Biblia. Suelo buscar versículos que edifiquen mi fe, los subrayo y disfruto de su inspiración. Después los escribo en una tarjeta para colocar en mi escritorio o llevar conmigo el resto del día.

En ocasiones, después de leer el texto que elegí, consulto otros libros de la Biblia para edificar mi espíritu con versículos que he subrayado previamente. Suelo referirme a esto como beber de mis manantiales favoritos. A menudo, estos conocidos versículos, que me han inspirado de manera positiva en otro momento, son precisamente los que necesito para enfrentar los retos del presente.

Muchas veces solemos olvidar que la oración es un recurso positivo para los cristianos. Esperar en quietud delante de Dios silencia las voces negativas. Pedirle que supla nuestras necesidades, nos fortalezca y nos guíe incrementa nuestra expectativa. La medida de paz que experimentamos en oración depende de cuántas de nuestras preocupaciones colocamos en las tiernas manos de Dios.

R. A. Torrey dijo: "La oración promueve nuestro creci-miento espiritual como casi ninguna otra cosa, en realidad como ninguna otra cosa que no sea el estudio de la Biblia; y una verdadera vida de oración y estudio de la Biblia van de la mano".[3]

Aunque es importante tener un momento determinado para el devocional privado cada día, también es importante tener una actitud devocional a lo largo del día. Una cosa es ser positivo en un lugar tranquilo con una Biblia abierta, y otra totalmente diferente ser tranquilamente positivo en medio del estrés de la vida diaria. Cualesquiera que sean nuestras circunstancias, recordemos que como creyentes hemos sido dotados para sobrellevarlas. A. W. Tozer escribió:

> De una cosa podemos estar seguros, nunca podremos escapar del estímulo externo que nos causa vejación. El mundo está lleno de estos, y aunque nos encerremos en una cueva y vivamos solos el resto de nuestra vida, vamos a seguir sintiéndolos. El piso áspero de nuestra cueva podría molestarnos, el clima podría fastidiarnos, y el silencio podría exasperarnos.
>
> Miremos el mundo exterior con calma; o mejor aún, miremos el mundo desde arriba, donde está Cristo sentado, y nosotros sentados con Él.[4]

Además de las sugerencias ya mencionadas que nos ayudan a ser positivos, vamos a considerar rápidamente otros medios. En esta era de la electrónica, podríamos estimular nuestra fe al escuchar programas cristianos de radio, mirar programas cristianos de televisión, leer portales cristianos en la Internet o escuchar predicaciones grabadas o música de inspiración.

Busca ayuda

Estar alerta a los estímulos positivos puede aportar una nueva dimensión a la vida. Y hay cosas que vemos y oímos realmente estimulantes a nuestro alrededor.

Escucha aves en vez de alarmas.

Escucha risa en vez de queja.

Contempla la belleza de los copos de nieve en vez de quejarte por la profundidad de la nieve.

Busca el arcoíris en vez de ver las nubes negras de tormenta.

Esta mañana me puse a observar la altura de algunos árboles de hojas perennes sobre una colina cercana a nuestra casa. Mucho más altos que los árboles a su alrededor, estos gigantes me recordaron que nunca pierden su belleza; ni siquiera durante las tormentas de invierno. Instantáneamente, le di gracias a Dios por esos árboles y por la lección que me habían enseñado acerca de la importancia de ser constantes en las tormentas de la vida.

La lista de posibles edificadores de nuestra fe es extensa. Libros, especialmente las biografías de personas esforzadas que han sabido superar la aflicción, pueden ser una influencia positiva para inspirarnos a alcanzar nuevas metas. Aun los objetos decorativos que contienen perlas de verdades positivas podrían servirnos para incentivar nuestra fe a alcanzar grandes alturas.

Mi amigo Richard Neale, el fundador y director de *Youth Gospel Crusade* en Westboro, Wisconsin, envía tarjetas mensuales con mensajes inspiradores. La última que recibí dice lo siguiente: *El Señor calmará tu tormenta o te dará paz en medio de ella*. Esta tarjeta estará en un lugar visible de mi estudio junto a otras que me ha enviado, y estoy seguro de que será precisamente lo que necesite para enfrentar alguna tormenta en el futuro.

Finalmente, espera que Dios sí te ministre a través de otras personas. Recuerda que el Espíritu Santo vive en cada miembro de la familia de Dios con los que te relacionas en el día de hoy. Nuestro Señor podría tener un mensaje de fe para comunicarte por medio de uno de sus hijos.

Muchos de los que me han ministrado lo hicieron sin darse cuenta en absoluto. A menudo, alguien me comenta alguna simple verdad o experiencia especial, sin saber que en ese mismo momento tengo la necesidad de recibir una palabra de aliento.

Una viuda me contó el testimonio de que Dios le había suplido el dinero que necesitaba para hacer frente a una gran necesidad. Aquel día, yo también necesitaba una gran cantidad de dinero. Ella no sabía nada acerca de mi necesidad antes de contarme su testimonio y tampoco se enteró después; pero le agradecí a Dios en silencio por enviarla a mi vida con la historia de su fidelidad para con ella.

He vivido esta clase de experiencia una y otra vez desde que comencé a prestar atención a lo que Dios podría querer decirme a través de otras personas. Pero he tenido que aprender a escuchar. Aunque tengo la obligación de ser un instrumento de edificación para otros, no puedo esperar recibir ayuda de los otros si yo soy el que hablo todo el tiempo. Ministrarse unos a otros es un camino de doble vía. A fin de edificarnos mutuamente en la fe, debemos estar dispuestos a permitir que las bendiciones fluyan en ambas direcciones.

Reprogramarse es simple: *reduce las influencias negativas e incrementa las influencias positivas.*

En el lenguaje informático, el antiguo principio sigue vigente: *¡basura que entra, basura que sale!*

No puedes seguir absorbiendo cosas negativas y seguir siendo positivo.

Unos simples cambios en tu estilo de vida podrían hacer toda la diferencia. Pero aun esto puede ser difícil de dominar cuando se requiere romper con viejos hábitos y, en ocasiones, cortar con antiguas compañías. No obstante, la vida es demasiado preciosa para estar deprimido. Una vida completamente diferente está reservada para aquellos que aprenden a elevarse por encima de sus circunstancias y viven cada momento al máximo.

4

NO HAY TIEMPO PARA LA DEPRESIÓN

—¿Cuántas horas piensan perder en peleas matrimoniales? —le pregunté a la futura pareja sentada frente a mí.

Ambos se sorprendieron y rieron.

No muchos de los que planean contraer matrimonio hablan del tiempo que podrían perder en las peleas que se avecinan. Tal vez, si lo hicieran, habría menos separaciones.

Una joven esposa y miembro de una clase para parejas que tenía a mi cargo, me dijo: "Mi esposo y yo estábamos por comenzar a discutir otra vez cuando recordé que pelear es una pérdida de tiempo". Ella había aprendido muy bien la lección que yo les había enseñado algunas semanas antes, y ahora estaba explicando que tener conocimiento del uso sabio del tiempo había convertido un potencial conflicto en paz.

Una mujer me llamó por teléfono y me dijo bruscamente:

—Estoy disgustada con usted.

—Es una terrible pérdida de tiempo —le respondí amablemente.

Sin embargo, algunos hablan de los beneficios del conflicto creativo entre personas que se aman una a la otra. Es absurdo. No hay que perder tiempo.

Mi madre es una de las personas más positivas que he conocido en toda mi vida. A los ochenta años, todavía ve el lado bueno de casi cualquier situación. Ha decidido no quejarse nunca ni refunfuñar, porque dice que la vida es corta. Y ha puesto en práctica el antiguo adagio que habla de no dejarse vencer por las circunstancias.

La perspectiva de Dios acerca del tiempo

Los períodos de tiempo constituyen una parte importante de la Biblia desde la creación hasta el fin. Sin duda, Dios podría haber creado todo el universo en un instante (Jer. 32:17), pero decidió no hacerlo así. En cambio, hizo su obra de creación en seis días y descansó el séptimo. Durante la creación, dispuso que los planetas se movieran ordenadamente en su órbita, de modo que el hombre tuviera que darle importancia al tiempo.

Dios creó a Adán y Eva en edad adulta. Aunque hubiera podido poblar toda la tierra en el mismo acto con personas adultas, dispuso que el nacimiento, el crecimiento y la madurez tuvieran lugar a lo largo de un período de tiempo.

En los primeros años después de la creación, Dios permitió que las personas vivieran casi un milenio. Adán vivió novecientos treinta años (Gn. 5:5), y Matusalén, el más viejo, murió a los novecientos sesenta y nueve años (Gn. 5:27).

Cabe suponer que dado que la longevidad aumentaba la inclinación del hombre hacia la maldad, su esperanza de vida comenzó a disminuir después del diluvio. Puesto que nuestro tiempo de duración en la tierra ha sido drásticamente reducido, deberíamos disfrutar al máximo cada momento que se nos permite vivir.

La Biblia enfatiza el gran valor del tiempo en varios pasajes; pero el salmista David parece haber sido el más consciente de todos los escritores del Antiguo Testamento acerca de la necesidad de usar sabiamente el tiempo. Él oró: "Hazme saber, Jehová, mi fin, y cuánta sea la medida de mis días; sepa yo cuán frágil soy. He aquí, diste a mis días término corto, y mi edad es como nada delante de ti; ciertamente es completa vanidad todo hombre que vive" (Sal. 39:4-5). Él también veía la importancia de invertir el tiempo en actividades de calidad, de modo que escribió que "…mejor es un día en tus atrios que mil fuera de ellos…" (Sal. 84:10).

El salmista vuelve a hablar del Dios eterno y su perspectiva del tiempo: "Señor, tú nos has sido refugio de generación en generación. Antes que naciesen los montes y formases la tierra y el mundo, desde el siglo y hasta el siglo, tú eres Dios. Vuelves al hombre hasta ser quebrantado, y dices: Convertíos, hijos de los hombres. Porque mil años delante de tus ojos son como el día de ayer, que pasó, y como una de las vigilias de la noche (Sal. 90:1-4)".

Para enfatizar el contraste entre la fragilidad del hombre y el Dios eterno, nuestra vida se compara con la hierba que crece rápidamente y pronto se seca, o con una fábula que se cuenta. Cabe mencionar aquí que se dice que la esperanza de vida del hombre es de aproximadamente setenta u ochenta años, tal cual es hoy: "Los días de nuestra edad son setenta años; y si en los más robustos son ochenta años, con todo, su fortaleza es molestia y trabajo, porque pronto pasan, y volamos" (Sal. 90:10).

En vista de esta continua cuenta regresiva, el salmista ora: "Enséñanos de tal modo a contar nuestros días, que traigamos al corazón sabiduría" (Sal. 90:12). Después sigue con la oración por una vida positiva, para que su vida tenga sentido y pueda ser feliz: "De mañana sácianos de tu misericordia, y cantaremos y nos alegraremos todos nuestros días" (Sal. 90:14).

Los escritores del Nuevo Testamento también le dan gran importancia al tiempo. Santiago enfatiza la brevedad de la vida, al comparar su duración a la "…neblina que se aparece por un poco de tiempo, y luego se desvanece (Stg. 4:14). Pedro explica el misterio del tiempo al indicar que "...para con el Señor un día es como mil años, y mil años como un día" (2 P. 3:8). Pablo incluye la perentoriedad de la vida al exhortar a sus lectores a redimir el tiempo porque los días son malos (Ef. 5:16).

El desperdicio de tiempo

El tiempo no tiene precio. Se dice que una reina, que se estaba muriendo, lloraba y decía: "¡Millones de dinero por un ápice de tiempo!".

A todos se nos ha asignado una cierta cantidad de tiempo. Cuando gran parte de ese tiempo ya ha transcurrido, nos enfrentamos a una pregunta minuciosa: "¿Cómo usaré el tiempo que me queda?".

¿Cómo quieres usar el tiempo que te queda?

¿Cuántas de las horas que te quedan desearías pasar en una atmósfera negativa, crítica o depresiva?

¿Acaso es una pregunta superflua?

Tal vez no lo sea.

Puede que, en secreto o incluso subconscientemente, disfrutes de la depresión o de criticar a otros. Quizá seas de aquellos que se nutren de la autocompasión. En *Cómo vencer la depresión*, Tim LaHaye cita la autocompasión como la primera causa de depresión e insiste en que es un pecado grave:

> Despojada de su falsa fachada de excusa y justificación de sí mismo, la autocompasión se presenta claramente como un pecado de actitud mental. Aquellos que más dudarían de cometer un acto de pecado explícito como el adulterio o la fornicación parecen no tener compunción por este pecado mental.[1]

¿Acaso has decidido pasar toda la vida en una disposición negativa, para poder ser el centro de atención y manipular a otros? Después de todo: "El que no llora, no mama" y no recibe la atención de los que están a su alrededor.

A la desdicha le gusta estar en compañía, de modo que podrías estar entre aquellos que han descubierto que su actitud negativa atrae a muchos que se sienten como tú. Aquellos que se especializan en ver nubes todo el tiempo se deleitan en asistir a sus festines de autocompasión.

Y tal vez, dado que eres un experto en la queja y una palabra de autoridad con respecto a todo lo que está mal en tu iglesia, tu comunidad y tu nación, otros individuos depresivos saben que les proporcionarás bastante material para la queja. Después de reunirse contigo, tendrán motivos para quejarse durante varias semanas.

La falta de disposición a participar en los servicios cristianos productivos puede ser otra de las razones de una vida negativa. Estoy convencido de que gran parte del conflicto que existe en las iglesias cae dentro de esta categoría. Las personas negativas prefieren hacer objeciones, en vez de dar de sí mismas para llevar a cabo proyectos productivos; prefieren compadecerse de sí mismas en vez de servir a los demás. Siempre es más fácil ser parte de una facción, que emprender una acción.

Relativamente pocos, desde luego, desean desperdiciar su vida en un negativismo inútil. Al olvidarse del paso inexorable del tiempo, sencillamente se convierten en víctimas, no en personas victoriosas. Como dice la letra de un antiguo cántico espiritual negro, están "por momentos felices, y por momentos tristes".

¿Te sientes identificado?

¿Sueles tener altibajos de felicidad y tristeza?

Si es así, enfrentar el rápido paso del tiempo podría darte el incentivo para el cambio que necesitas. Con estos cuatro simples pasos, podrías salir del valle de la depresión para siempre:

Usa el tiempo sabiamente

• *Primero, determina que no hay tiempo que perder en negativismo.* Decide renunciar al negativismo, la depresión y la desesperanza, y cree que puedes lograrlo.

¿Parece demasiado fácil?

Fíjate en las palabras de Jesús: "No se turbe vuestro corazón; creéis en Dios, creed también en mí… La paz os dejo, mi paz os doy; yo no os la doy como el mundo la da. No se turbe vuestro corazón, ni tenga miedo" (Jn. 14:1, 27).

El Señor está diciendo que tenemos el poder de hacer algo con nuestro corazón angustiado, nuestros temores, nuestra depresión, nuestro negativismo. En su libro *Secrets of the Spirit* [Los secretos del Espíritu], Ray C. Stedman relata de la siguiente manera cómo se dio cuenta del significado de estas palabras:

> En un tiempo en el que estaba experimentando un período de aflicción —mi corazón estaba turbado—, pensé en estas palabras, y de pronto adquirieron un significado completamente nuevo. Vi algo en las simples palabras de Jesús al decir: "No se turbe vuestro corazón", que nunca había visto antes. Lo que me impresionó fueron las palabras "No se turbe". Esto significaba que los discípulos podían hacer algo con respecto a su problema. Ellos tenían en sus propias manos la clave para ser libres de aquello que afligía su corazón. Dependía de ellos que fueran libres o no. El

Señor nos está diciendo lo mismo a todos nosotros; hay una manera de ser libre de todo aquello que aflige nuestro corazón, es decir, la preocupación y el temor con respecto a la vida y la muerte.[2]

El hecho de tener la capacidad de rechazar el negativismo podría ser una sorpresa para aquellos que han estado buscando un profundo secreto espiritual que los guarde de caer en depresión; pero las palabras del Señor son claras: "No se turbe vuestro corazón". Por lo tanto, haríamos bien en aceptar la responsabilidad de nuestro estado de ánimo y nuestra conducta, y decidirnos a hacer un cambio.

Una breve afirmación del escritor Craig Massey en su artículo "Cómo salir de la depresión" ha tenido una constante incidencia positiva en mi vida. Él dice: "Aunque podría ser difícil de admitir, la depresión es una decisión deliberada".[3]

Sin lugar a dudas, hay algunas excepciones a la conclusión de Massey. El estado de ánimo puede surgir de una condición médica o enfermedad mental, y en esos casos, sería más que una decisión lo que lleve a alguien a estar deprimido. No obstante, la afirmación de Massey ha sido reveladora para mí. El concepto de que en algún momento he decidido estar deprimido me confirma que puedo decidir salir de ese estado de depresión. Cuando estoy deprimido, puedo pensar rápidamente en la experiencia que me provocó este sentimiento negativo y hacerle frente abiertamente a fin de contrarrestarlo.

Me digo a mí mismo: "Ah, veo que has decidido permitir que esta situación te deprima". Por lo general, tan solo darme cuenta de cómo llegué a deprimirme es suficiente para empezar a reír, y de ese modo vuelvo a estar en la senda de una vida positiva y productiva.

• *Segundo, sé agradecido por las cosas buenas que te están sucediendo en este momento.* ¿Cuántas cosas buenas, verdaderas, justas, puras, amables o de buen nombre estás experimentando en este momento? Agradécele a Dios por ellas.

En cuanto comiences a agradecerle a Dios por sus bendiciones, aunque en tu estado de ánimo puedan parecerte pequeñas, comenzarás a salir de tu depresión.

La acción de gracias contrarresta el negativismo.

Cuando me levanto por la mañana y veo que los miembros de mi familia están bien y se han despertado con vida, tengo suficientes motivos para agradecerle a Dios por ello y vivir positivo todo el día.

A la mayoría de nosotros, nos esperan tiempos en habitaciones de hospitales o en salas de espera. Si hoy no estamos atravesando uno de esos tiempos, es una buena ocasión para dar gracias y llenar este tiempo de nuestra vida con alabanza. Si en el futuro nos encontráramos afligidos u hospitalizados, podremos agradecerle al Señor que nos ha prometido estar con nosotros en dondequiera que estemos (He. 13:5-6).

A todos nos aguardan tiempos de tristeza y duelo por la muerte de un ser querido. Está establecido que los hombres mueran (He. 9:27). En el futuro, probablemente tenga que contratar el servicio de una funeraria y un cementerio. Si hoy no tengo que hacerlo, es momento de ser más que feliz. Cuando llegue uno de esos días difíciles, intentaré enfrentarlo con las promesas que la Biblia da para esas circunstancias que nos desgarran el corazón; pero hoy estaré agradecido por la vida y las bendiciones que me pertenecen.

Jesús les enseñó a sus discípulos a orar por el pan diario. Si hay alimentos en la mesa, es día para alabar, no para rezongar.

Solemos necesitar muy poco para ser negativos, pero mucho para mantenernos positivos.

Aplicar los primeros dos versículos del Salmo 103 cada mañana rompería las cadenas del negativismo en la mayoría de nosotros, y nos haría personas positivas: "Bendice, alma mía, a Jehová, y bendiga todo mi ser su santo nombre. Bendice, alma mía, a Jehová, y no olvides ninguno de sus beneficios".

Una mujer que estaba atravesando dificultades me dijo que había podido mantenerse positiva al proponerse sustituir sus pensamientos. Cuando se le venía a la mente un pensamiento negativo, lo sustituía por uno positivo. Al rechazar en todo momento los pensamientos negativos, llenó su mente con pensamientos que producían alabanza y acción de gracias, en vez de tristeza y desesperanza. En realidad, había decidido usar la fórmula bíblica de la paz interior (Fil. 4:6-8), y su sabia decisión le permitió mantenerse positiva en circunstancias negativas.

• *Tercero, aprovecha al máximo cada momento placentero y sácale hasta la última gota de gozo que contenga.* Esta buena ocasión nunca regresará. Puede que haya otros buenos momentos más adelante, pero ninguno como este. ¡Valóralos!

Ralph Waldo Emerson escribió:

> Una de las ideas falsas de la vida es que el presente no es un momento decisivo y crucial. Grábese en el corazón que cada día es el mejor día del año. Solo es rico el que es dueño del día, y nadie es dueño del día si permite que lo invada la preocupación, el nerviosismo y la ansiedad.[4]

El salmista declaró: "Este es el día que hizo Jehová; nos

gozaremos y alegraremos en él" (Sal. 118:24). Lowell Thomas encontró tanta inspiración en este versículo, que lo enmarcó y lo colocó sobre la pared de su estudio radiofónico para poder verlo constantemente.[5]

Jeremy Taylor dijo: "Solo este día es nuestro; estamos muertos al ayer y no hemos nacido en el seno del mañana. Por eso, aquel que disfruta el presente, si este es bueno, que lo disfrute al máximo".[6]

John H. Vincent tenía la costumbre de repetir el siguiente voto poderoso cada mañana: "Este día trataré de vivir una vida simple, sincera y serena: rechazaré rápidamente cada pensamiento de descontento, impureza y egoísmo; cultivaré el buen humor, la benevolencia, la caridad y el hábito del silencio santo; ejercitaré economía en los gastos, prudencia en la conversación, diligencia en el servicio asignado, fidelidad en cada responsabilidad y fe en Dios como la de un niño".[7]

Vive intensamente cada momento del presente. Busca la belleza que está a tu alrededor y que tu preocupación te ha impedido ver. Escucha los sonidos que te has estado perdiendo. Abraza a alguien que amas y sé agradecido por estar vivo. Suelo tomar a mi esposa, rodearla con mis brazos y decirle: "Disfruto este momento contigo".

En *Vence tus preocupaciones*, John Edmund Haggai dice: "...Vive al máximo en todo momento. Ponle toda tu atención al trabajo que tienes a mano, a la persona con quien estés hablando o tratando. Vive cada momento al máximo. El Señor solo nos concede tiempo aquí y ahora. Puedes utilizar cada momento una sola vez".[8]

John Ruskin tenía un trozo de piedra sobre su escritorio con la inscripción de una sola palabra: "Hoy".[9]

Piensa en el tiempo que te queda en la vida como si fuera

dinero en el banco. A cada momento, el saldo se reduce, y tú eres el que lo gasta.

¿Estás gastando sabiamente tu dinero? ¿Eres tan sabio para pasar el tiempo como lo eres para gastar el dinero?

Un hombre que acababa de descubrir que tenía una enfermedad terminal me contó lo que sentía con respecto a la vida. "Me he estado engañando", dijo. Él se había pasado toda la vida ganando dinero y ahora tenía poco tiempo para disfrutar o usar su riqueza. No había manera de volver a vivir los años pérdidos. No había comprendido el verdadero propósito de la vida.

Jesús contó la parábola del hijo pródigo que recibió la herencia de su padre, y después se fue a una tierra lejana y gastó todo lo que tenía en una vida desenfrenada (Lc. 15:11-32). Finalmente, sin dinero ni amigos, tuvo que cuidar cerdos para sobrevivir, y tenía tanta hambre que hubiera comido de la comida de los cerdos.

En ese momento, el pródigo volvió en sí y decidió regresar a la casa de su padre a pedirle perdón y ver si podía darle trabajo. Sin embargo, a pesar de la delicada situación de su regreso, el padre le dio la bienvenida y lo perdonó, cubrió sus harapos con las mejores ropas y le colocó un anillo de oro en su dedo. Pero el padre, aunque lo perdonó, no pudo restaurar el tiempo que había perdido en aquella tierra lejana; sino que juntos pudieron hacer que el futuro fuera mejor que el pasado.

Muchos de nosotros hemos sido como el hijo pródigo. Hemos gastado neciamente una posesión que es mucho más valiosa que el dinero. Se nos ha escurrido el tiempo entre las manos, sin lograr hacer nada. Hemos desperdiciado horas preciosas en malhumor, negativismo, críticas, pesimismo y depresión.

Es hora de regresar a encontrarnos con nuestro Padre.

Él no nos devolverá las horas que hemos desperdiciado. Esos segmentos de tiempo se han perdido para siempre. Pero hará que las horas que nos queden sean valiosas, si tan solo se lo permitimos.

El valor eterno del tiempo

Finalmente, recuerda que cada momento de tiempo tiene valor eterno. Los creyentes son administradores de cada segundo. Cada tictac del reloj contiene oportunidades para el servicio cristiano en el cual podemos almacenar recompensas divinas.

Los hombres de negocio exitosos reconocen que el tiempo es dinero. Cuando Charles M. Schwab era presidente de la corporación *Bethlehem Steel*, le presentó un reto poco común a Ivy Lee, que era su asesor administrativo: "Muéstrame la manera de hacer más cosas, y si funciona, te pagaré una suma acorde", le dijo.

Lee le entregó a Schwab una hoja y le dijo que escribiera las cosas que tenía que hacer al día siguiente. Schwab lo hizo. "Ahora enumera esas cosas por orden de importancia", le dijo. Schwab lo hizo. Lee añadió: "Mañana por la mañana, comienza a trabajar en la primera tarea y persevera hasta terminar. Después procede a la número dos y no pases a la siguiente hasta que la termines. Después procede con la número tres, y así sucesivamente. Si no puedes terminar todo lo previsto, no te preocupes. Al menos te habrás ocupado de las cosas más importantes antes de distraerte con cosas menos importantes".

"El secreto es hacerlo todos los días —continuó Lee—. Evalúa la importancia relativa de las cosas que tienes que hacer... establece prioridades... registra tu plan de acción...

y esfuérzate en cumplir tu objetivo. Haz esto todos los días de trabajo. Después de estar convencido del valor de este sistema, procura que tus empleados lo intenten. Ponlo en práctica hasta que quedes satisfecho. Después envíame un cheche por la suma de dinero que tú creas que vale esta idea".

En pocas semanas, Schwab le envió a Lee un cheque por veinticinco mil dólares. Este exitoso líder empresarial entendió que el uso sabio del tiempo fue el ingrediente más valioso que hizo de su empresa un éxito, y estuvo dispuesto a pagar bien por una idea que le permitió a él y a sus empleados hacer más cosas.[10]

Nuestro incentivo es aún mayor.

Las recompensas más subestimadas del universo deben ser aquellas que recibirán los fieles cuando el Señor vuelva: "He aquí yo vengo pronto, y mi galardón conmigo, para recompensar a cada uno según sea su obra" (Ap. 22:12). Aun así, la mayoría de las personas se dedica a acumular posesiones que no perdurarán. Pablo dijo que decidirse por las cosas corruptibles era una mala elección: "Todo aquel que lucha, de todo se abstiene; ellos, a la verdad, para recibir una corona corruptible, pero nosotros, una incorruptible" (1 Co. 9:25).

Los salarios astronómicos de los mejores atletas y artistas son ejemplos de cómo hemos llegado a valorar el tiempo. Ellos se vuelven ricos de la noche a la mañana debido a sus talentos o habilidades especiales. Sus ganancias en unos pocos años excederán los ingresos de toda una vida de la mayoría de personas que trabaja en otros ámbitos. Pero todos estos dólares son tan corruptibles y transitorios como las cosas terrenales que pueden comprar.

Los creyentes que ganan grandes sumas de dinero tienen la responsabilidad de usarlo sabiamente para la gloria de Dios;

y de ese modo podrán convertirlo en un tesoro duradero.
Pero el tipo de cambio es muy diferente al que la mayoría
se imagina. De acuerdo al tipo de cambio celestial, las dos
blancas de la viuda equivalían más que las grandes ofrendas de
los ricos, porque ella había dado todo lo que tenía (Lc. 21:3).
En el sabio uso del tiempo, Dios también debe tener su propia
compensación. Todos podemos ser buenos administradores de
esta valiosa posesión y seguramente seremos recompensados
de acuerdo a nuestros talentos, habilidades y oportunidades.
Si hacemos un excelente uso del tiempo, podemos acumular
tesoros que perduren.

Cada momento tiene eternidad en sí mismo.

Los cristianos tienen la oportunidad de invertir su tiempo
en actividades que pagan más dividendos que cualquier otra
actividad de la tierra. Pero una actitud negativa puede anular
estos potenciales beneficios y hacer que el servicio cristiano sea
ineficaz.

¿Quién podrá ser motivado a la fe por alguien que actúa
sin fe?

¿Quién entenderá el amor de Dios al ver a alguien que actúa
como si Dios no se interesara por él?

Es tiempo de estar alegres

Una perspectiva positiva es absolutamente esencial para
un servicio cristiano eficaz. C. H. Spurgeon dijo: "La mejor
manera de glorificar a Dios es a través de una vida serena y
alegre. ¡Que el mundo sepa que servimos a un buen Señor!".[11]
Y Spurgeon no estaba haciendo otra cosa que hacer eco de las
palabras que Nehemías pronunció hace mucho tiempo: "...no
os entristezcáis, porque el gozo de Jehová es vuestra fuerza"
(Neh. 8:10).

Mejor aún, el gozo cristiano está a nuestro alcance. Para los creyentes, es normal estar gozosos; es anormal ser negativos. En su libro, *God's Cure for Anxious Care* [La cura de Dios para la ansiedad], el Dr. John R. Rice escribe:

> ¡Qué pecado es dar a entender a un mundo pecador que la vida de un hijo de Dios es una vida de dificultades, aflicciones y derrotas! ¡No, no, no deshonre tanto su profesión, blasfemando así al Dios que sirve! Supere su ansiedad y sea un cristiano feliz y victorioso, que resplandezca como una luz de gozo en un mundo de tristeza, amargura y tinieblas.[12]

La vida es demasiado corta para desperdiciar cualquier fragmento de ella en depresión. Sencillamente, no hay tiempo que perder.

5

NO TE DEPRIMAS POR PROBLEMAS ECONÓMICOS

Nunca desperdicies un día deprimido por los problemas económicos o los tiempos malos. Si puedes mejorar en estos dos ámbitos comunes de dificultad, te irá bien en tu camino hacia una vida totalmente positiva.

Levántate cada mañana y agradécele a Dios por las nubes o el brillo del sol, por el calor o el frío, y de seguro tendrás un día mejor. Eleva tu corazón en alabanza a Dios por haberte provisto hasta este momento, y probablemente tus temores económicos desaparezcan.

Los ricos también se preocupan por el dinero

La preocupación por el dinero es común a todos. Y el amor al dinero puede ser peligroso para personas de cualquier posición social, produciendo actitudes negativas como codicia, amargura, irritabilidad y depresión (1 Ti. 6:10).

John D. Rockefeller, el hombre más rico de su época, estaba obsesionado por el dinero. A los treinta y tres años de edad, ya había ganado su primer millón. A los cuarenta y tres años, administraba la compañía más grande del mundo. Y a los cincuenta y tres años, era el único billonario del mundo. Sin embargo, a pesar de toda esa riqueza, era infeliz porque había llegado a ser esclavo del dinero.

Una vez, hizo un envío de grano por un valor de cuarenta

mil dólares a través del Lago Erie sin contratar un seguro, por no pagar una prima de ciento cincuenta dólares que consideraba demasiado alta. Aquella noche, se desató sobre el lago una feroz tormenta que ponía en peligro su inversión. Rockefeller estaba tan preocupado por su cargamento de grano, que cuando su socio, George Gardner, llegó a su oficina a la mañana siguiente, encontró a John caminando de un lado al otro lleno de ansiedad.

Gardner salió inmediatamente para ver si aún estaba a tiempo de contratar un seguro para el cargamento que estaba en peligro; mientras tanto, Rockefeller seguía caminando de un lado al otro con los nervios de punta. Aunque había logrado asegurar el cargamento de grano, cuando Gardner regresó a la oficina, encontró a su socio en un estado de ánimo aun peor. Había llegado un telegrama que anunciaba que el barco había arribado a salvo a su destino. Rockefeller se puso tan mal por haber gastado el dinero en una prima de seguro innecesaria, que tuvo que irse a su casa y ¡pasó el día en cama![1]

La escritora Ida Tarbell describió a este hombre billonario de cincuenta y tres años, como el hombre más avejentado que había visto en su vida. Su salud estaba tan deteriorada que subsistía a base de galletas y leche. Había perdido el cabello, incluso sus cejas y pestañas. La mayoría pensaba que no le quedaba ni un año de vida. La preocupación por el dinero por poco lo aniquila.

Afortunadamente, con el tiempo, Rockefeller reconoció el poder destructivo que el dinero ejercía sobre él y comenzó a tomar medidas para ser libre de esa esclavitud. En lugar de acaparar más dinero, comenzó a donar millones de dólares. Creó la Fundación Rockefeller a fin de otorgar grandes cantidades de dinero a causas benéficas, dando grandes donaciones a escuelas, hospitales, proyectos de investigación y otros proyectos que beneficiaran a personas de todo el mundo.

El paso de *dejar de acaparar* para *comenzar a dar* produjo un milagro en la vida de John D. Rockefeller. Las tensiones y las luchas internas que había experimentado comenzaron a cesar. El cambio de su actitud egoísta por una actitud de servicio a los demás fue determinante para alcanzar la sanidad y ser feliz. Al perder su vida, la encontró. El hombre que, a los cincuenta y tres años parecía haber llegado al final de su vida, vivió hasta los noventa y ocho años; y murió habiendo logrado mucho más al dar de lo que posiblemente hubiera logrado si hubiera decidido guardarse la riqueza para él.[2]

La mayoría tiene problemas para identificarse con la preocupación por el dinero de un hombre rico como John D. Rockefeller. Nos reímos al pensar en un millonario que camina de un lado al otro y se preocupa por un cargamento de grano, cuando una prima de seguro más pequeña de la que muchos de nosotros pagamos por nuestro automóvil hubiera cubierto el riesgo. Pero entendemos la ansiedad y presión que los problemas de dinero pueden causar. Conocemos bien el nudo en la garganta que tenemos cuando se han vencido las cuentas y no sabemos cómo reunir el dinero para pagarlas.

La preocupación económica es perjudicial para la salud

Las reacciones negativas de la preocupación económica podrían ser propias del ser humano; pero también pueden ser destructivas y costosas. Ponerse histérico por las presiones económicas puede arruinar tu testimonio cristiano. El resentimiento que genera la preocupación económica puede producir daños físicos y emocionales, y arrebatos de cólera que pueden herir a las personas más cercanas. Gracias a Dios, los creyentes no tenemos por qué dejarnos llevar por semejantes emociones. El Señor nos ha dado promesas y poder para superar las dificultades económicas más adversas.

En su libro ampliamente difundido, *Ninguna enfermedad*, el Dr. S. I. McMillen cuenta una experiencia personal de su aflicción por el dinero y cómo la superó. Explica:

> Las tensiones nerviosas de la vida no son tan responsables de una multitud de enfermedades delicadas como lo son nuestras malas reacciones ante dichas tensiones. El consultorio de un médico está lleno de personas que sufren de casi todas las enfermedades de este libro, porque su mente está agobiada por miles de preocupaciones referentes al dinero, su salud o sus hijos.
>
> Y a veces, el que sufre es el médico. Hace poco, tuve que hacerle frente a un problema económico. La primera noche, me dormí pensando en ese problema económico y me desperté cerca de las cuatro de la madrugada. La noche siguiente no pude dormir bien porque estaba deprimido por mi situación económica. Estoy seguro de que mis glándulas suprarrenales y otras también estaban generando una cantidad excesiva de hormonas nocivas en mi sistema. Creo que hubiera seguido preocupado por mucho tiempo más, pero la segunda mañana comencé a practicar el versículo bíblico que dice: "Dad gracias en todo" y recibí un alivio inmediato de mi opresión. Antes de leer ese versículo, yo era una víctima de las circunstancias; después fui el amo de estas.[3]

Las reacciones negativas no hacen nada para resolver los problemas económicos. La preocupación no pondrá el pan sobre tu mesa ni demorará la llamada de tus acreedores. Perder los estribos con un ser amado no aumentará tus ingresos. Discutir por las cuentas por pagar a la hora de comer levantará barreras en tu hogar y no impedirá una ejecución hipotecaria. La irritabilidad a la hora de conducir podría llevarte a actuar como si fueras el dueño de la carretera; pero aunque hagas sonar la bocina, chirriar los frenos y les levantes la voz a otros conductores, no podrás posponer la recuperación de tu vehículo si estás atrasado en sus pagos.

Ser negativo cuesta caro

Las personas negativas complican sus dificultades económicas de muchas maneras. La depresión agota la energía y las fuerzas de una persona, y afecta su capacidad de trabajar eficientemente. Cuando estamos deprimidos, solemos dormir más tiempo para poder escapar de nuestras dificultades; y esto nos roba oportunidades de incrementar nuestra productividad, que muchas veces puede ser la respuesta a nuestros problemas económicos. Salomón advirtió: "Un poco de sueño, un poco de dormitar, y cruzar por un poco las manos para reposo; así vendrá tu necesidad como caminante, y tu pobreza como hombre armado… No ames el sueño, para que no te empobrezcas; abre tus ojos, y te saciarás de pan" (Pr. 6:10-11; 20:13).

La actitud negativa les cuesta caro especialmente a aquellos que trabajan en posiciones que requieren atención al público, y cuyo ingreso económico depende directamente de los clientes.

Las personas compran más cuando son atendidas por vendedores, camareros, dependientas y otros empleados de servicios que tienen una actitud positiva y alegre; cuando es así, regresan a comprar otra vez. Las propinas son más altas para los empleados que son simpáticos con el cliente. Hace poco, leí un letrero frente a un restaurante de comida rápida que decía: "Se buscan… caras sonrientes".

Aunque el sueldo de aquellos que atienden al público no dependa de las propinas de los clientes, es más probable que su ingreso aumente cuando el negocio de su empleador prospera gracias a su contribución positiva a una atmósfera de felicidad.

Edgar A. Guest escribió:

> ¡Si tuviera un negocio o un comercio,
> despediría a los empleados
> malhumorados!
> Nunca dejaría que alguien pesimista
> ofendiera a los clientes que vienen a
> hacer sus compras.
> Nunca tomaría a alguien con cara de
> dolor de muelas.
> Ni dejaría que el que trabaja para mí
> me espante los clientes.
> Trataría con cortesía al hombre que
> me hace perder tiempo y solo gasta
> poco dinero.
> Y le haría sentir que me dio gusto
> hacer un trato con él.
> Pues mañana, quién sabe si podría
> necesitar algo que yo venda.
> Y en ese caso, con gusto gastará su
> dinero siempre en mi comercio.
> La razón por la cual las personas van
> de un comercio a otro,

No es por lo concurrido del lugar,
    por sus mejores sedas, guantes y
    encajes,
O por sus precios especiales; sino por
    las palabras amables y las caras
    sonrientes.
Creo que la única diferencia está en el
    trato que reciben los clientes.[4]

Además, es más probable que prosperen las personas positivas, porque son las que se atreven a intentar cosas nuevas. Son las que se aventuran a incursionar en ámbitos nuevos, con la expectativa de prosperar. Desde luego, a veces fracasan; pero aun así se levantan y lo vuelven a intentar. Muchas veces, este espíritu de aventura es el que produce ganancias económicas.

Hay muchas personas que en medio de una terrible necesidad económica dieron lugar a nuevas ideas que las llevaron a enriquecerse. Algunos miran atrás con gratitud, porque esos tiempos difíciles los animaron a esforzarse e intentar cosas nuevas, con lo cual fueron prosperados más allá de sus expectativas.

Las personas negativas se abstienen de aventurarse o arriesgarse. Su temor es la razón de su reticencia y, a menudo, de su desidia. Acerca de tales personas, Salomón escribió: "Dice el perezoso: El león está en el camino; el león está en las calles" (Pr. 26:13). Este versículo nos ha resultado muy práctico en nuestro hogar. ¿Tenemos razones valederas que justifiquen no seguir adelante, o simplemente estamos permitiendo que el negativismo nos derrote? ¿Estamos buscando que haya "leones en las calles"? Si es así, pongamos las excusas a un lado y sigamos adelante con una actitud positiva.

Dado que las dificultades económicas son una realidad, y a veces una tragedia en la vida de un gran número de personas, hay varias ayudas disponibles. En la mayoría de las ciudades, hay servicios de asesoría económica, y algunos son subvencionados por el gobierno para que estén al alcance de los necesitados. En casi todas las librerías, pueden comprarse libros sobre administración del dinero, y actualmente muchos son publicados por editoriales cristianas, que le suman una dimensión bíblica a su útil mensaje. Sin embargo, no importa qué camino tomemos para salir de los problemas económicos, el antiguo adagio siempre tiene razón: "Si gastas más de lo que ganas, no caben dudas del resultado".

Cómo salir de deudas

Para salir de deudas es necesario incrementar los ingresos, reducir los gastos o ambas cosas. Incrementar los ingresos podría demandar mayor productividad, un cambio de empleo o arriesgarse a emprender negocios nuevos. Ya hemos visto cuán importante es ser positivo en estos casos; pero para disminuir los gastos hace falta disciplina. Y la actitud negativa es nociva para el dominio propio.

Cuando estamos deprimidos, somos más susceptibles. En un estado de depresión o amargura, es más probable que queramos satisfacer nuestros antojos y gustos, pues pensamos que eso aliviará la presión.

Un traje o un vestido nuevo nos da un sentimiento de satisfacción transitoria.

Conducir un automóvil nuevo produce cierta sensación de éxito, aun cuando el comprador sabe que ha agravado su problema económico al comprometerse a realizar pagos muy altos.

Algunas semanas de descanso en algún lugar placentero

o estimulante parece ser el antídoto perfecto para salir de la depresión de los problemas económicos.

Pero estas compras excesivas que prometen alivio, muchas veces, incrementan los sentimientos negativos cuando comienzan a llegar las cuentas para pagar.

Ahora bien, hay una buena noticia: la autodisciplina que todo cristiano necesita está a su disposición en todo tiempo. El Espíritu Santo, que vive dentro de nosotros, es más que un morador; es una fuente que nos da el dominio propio para cada situación: "Mas el fruto del Espíritu es amor, gozo, paz, paciencia, benignidad, bondad, fe, mansedumbre, templanza [dominio propio]; contra tales cosas no hay ley" (Gá. 5:22-23).

La morada del Espíritu Santo en nuestra vida nos ofrece la disciplina que necesitamos para no malgastar el dinero. Si le cedes el control de tu vida, Él se hará cargo de tus necesidades: "...Andad en el Espíritu, y no satisfagáis los deseos de la carne" (Gá. 5:16).

Si no tienes dominio propio, es porque el Espíritu no tiene el control de tu vida. Y para ser lleno del Espíritu —para que Él controle nuestra vida—, la instrucción bíblica nos dice: "No os embriaguéis con vino, en lo cual hay disolución; antes bien sed llenos del Espíritu" (Ef. 5:18).

Estar lleno del Espíritu es estar totalmente rendido a su voluntad. ¿Puedes imaginarte una vida totalmente rendida a Dios, que sigue bajo la influencia de pensamientos negativos y sus desagradables manifestaciones de críticas, amargura, quejas, depresión y desesperación?

¡Imposible!

Las personas llenas del Espíritu caminan con optimismo. Y la llenura del Espíritu Santo está continuamente disponible para todos los creyentes.

Mientras el dominio propio procede del Espíritu Santo, el negativismo procede de otra fuente. Santiago la identifica de la siguiente manera: "Pero si tenéis celos amargos y contención en vuestro corazón, no os jactéis, ni mintáis contra la verdad; porque esta sabiduría no es la que desciende de lo alto, sino terrenal, animal, diabólica" (Stg. 3:14-15).

Tus problemas económicos podrían tener su origen en la actitud de tu corazón. Cuando desechas la amargura, la disensión, la envidia y otros pecados de actitud mental, y le entregas el control de tu vida al Espíritu Santo, puedes vivir la vida disciplinada que se requiere para salir de deudas y ser libre de la depresión causada por los problemas económicos.

Ora por tus necesidades económicas

La oración de fe también es importante para superar la adversidad económica. Preocuparse por las deudas no te dará ni un centavo para acabar con tu crisis; antes bien, Dios podría suplir todas tus necesidades porque oras con fe y esperas que Él responda tu oración.

Mi ministerio comenzó como pastor en una pequeña iglesia rural. Hacía casi ochenta años que la iglesia estaba en aquel pueblo, pero nunca se había usado para un ministerio a tiempo completo. Yo era el primer pastor, en la historia de aquella iglesia, apoyado económicamente a tiempo completo.

Asumir la posición de pastor allí fue una verdadera aventura de fe para mi familia y para mí, así como para la iglesia. Acordamos un salario regular, y los miembros se ofrecieron a complementarlo con huevos, leche, vegetales y carne, siempre que pudieran.

Cuando aceptamos ese llamado, teníamos dos hijos pequeños. Para cuando esperábamos nuestro cuarto hijo, la iglesia había crecido, y el salario era un poco más alto; pero seguíamos sin tener seguro médico, y nos preguntábamos cómo pagaríamos los costos de la llegada de nuestro bebé. Así que oramos por el problema, pues Dios dice que pidamos, y que el que pide recibe (Mt. 7:7-8).

Para nosotros, el 18 de septiembre de 1957 fue un día inolvidable. Aquella mañana, cuando llegó el correo, recibimos una carta de una familia de otra comunidad. No creo que esa familia estuviera al tanto de los gastos que debíamos enfrentar en breve. Sin embargo, habían enviado una ofrenda que casi cubría en su totalidad el dinero que necesitábamos. En la carta, nos decían que habían vendido su granja y que el Señor les había dicho que nos enviaran ese dinero. Aquella noche nació nuestra hija menor. Nuestra fe, como el grano de una semilla de mostaza, había sido suficiente. Dios había suplido nuestra necesidad (Fil. 4:19). Y justo a tiempo.

Ocho años después, sentí que era la voluntad de Dios que concluyera mi obra pastoral y que continuara mi ministerio como escritor y orador. Había sido pastor por más de veinte años, y en ese momento era el pastor de una gran iglesia metropolitana. Este cambio de ministerio significaba el fin del buen salario que en aquel entonces recibía. Por primera vez en nuestra vida matrimonial, dejaríamos de recibir un sueldo regular. Casi no teníamos ahorros, de modo que esa era otra aventura de fe para nosotros.

En varias circunstancias, tuvimos que pasar por algunas privaciones; pero aun así nuestra fe fue edificada. Algunas de aquellas experiencias nos han dado la seguridad especial del tierno amor de Dios, porque de la manera tan milagrosa en que nuestras necesidades eran suplidas no cabía duda de la fuente de nuestra provisión.

Cuando el motor eléctrico de nuestra bomba de agua se averió, el técnico en reparaciones nos pasó un presupuesto de casi seiscientos dólares para reemplazar la bomba y el motor. Nosotros teníamos alrededor de la mitad de esa cantidad, pero ese día recibimos un cheque por correo que cubrió el resto de lo que necesitábamos.

Sin embargo, esa fue solo la mitad del milagro.

Dos años más tarde, casi a la medianoche, descubrimos que no teníamos agua. Sospeché que el motor de la bomba se había averiado otra vez, y cuando se lo dije a mi esposa, se rió. En ese momento, debíamos hacer frente a una gran cantidad de cuentas, y una más no cambiaba mucho la situación. "¿Qué son quinientos dólares más para Dios?", dijo ella. Su sentido del humor positivo bajo presión incrementó mi fe, y aquella noche dormí bien.

Dado que debía partir para dar una conferencia al día siguiente, llamé al técnico de reparaciones temprano a la mañana. Después de inspeccionar nuestra bomba, confirmó mi sospecha y dijo que había que cambiar el motor otra vez.

Me preguntaba cómo haríamos para pagar la reparación.

Luego, justo antes que el técnico en reparaciones terminara su trabajo, *recibí una llamada telefónica de la familia que nos había enviado la ofrenda el día que se había roto por primera vez la bomba de agua dos años antes*. La persona que llamaba quería hacernos saber que había sentido que teníamos una necesidad especial y que nos enviaría un cheque ese mismo día.

Cuando llegó el cheque, pudimos hacerle frente a la urgencia que teníamos. Con aquella provisión oportuna del Señor, fui a la conferencia bíblica emocionado por su cuidado y ávido por transmitir el alentador mensaje de fe a mis oyentes.

Las preocupaciones económicas nunca son productivas

porque manifiestan falta de fe. Deprimirnos por salir de deudas o por poder resistir es un claro indicativo de que no estamos esperando una liberación milagrosa.

Dios provee

En realidad, en la Biblia hay muchos ejemplos de la provisión de Dios a su pueblo, y en cada caso estos milagros llegaron cuando parecía que no había ninguna salida humana para la dificultad existente. De hecho, si hubiera habido alguna salida, no hubiera sido necesario un milagro.

Cuando los israelitas se quedaron sin alimentos en su camino de Egipto a Canaán, recibieron maná, alimento del cielo que cada mañana encontraban sobre la tierra del campamento, excepto la mañana del día de reposo. La instrucción era que recolectaran suficiente alimento para cada día y que, antes del día de reposo, tomaran lo necesario para dos días. Cuando obedecieron los procedimientos, nunca les sobró ni les faltó qué comer (Éx. 16).

Durante una hambruna prolongada en Israel, Dios envió al profeta Elías al arroyo de Querit, donde los cuervos le llevaban su alimento. Finalmente, cuando el arroyo se secó, Dios lo envió a la casa de una viuda que no tenía más que un puñado de harina y una pequeña cantidad de aceite que le había quedado del abastecimiento que, hasta ese momento, había sido su sustento. Ella había pensado preparar una pequeña torta cocida para su hijo y para ella, creyendo que sería su última comida. Pero al compartir su supuesta última comida con Elías, la viuda fue testigo de un milagro. El suministro de harina y aceite no se acabó hasta que terminó la hambruna en la tierra, de manera que nunca le faltó el pan diario (1 R. 17).

Algunas de las promesas de la Biblia con respecto a nuestras necesidades económicas están condicionadas a nuestra disposición para dar. Un ejemplo: "Dad, y se os dará; medida buena, apretada, remecida y rebosando darán en vuestro regazo; porque con la misma medida con que medís, os volverán a medir" (Lc. 6:38). Otros ejemplos incluyen Proverbios 11:24-25, Malaquías 3:10 e incluso el frecuentemente citado Filipenses 4:19.

R. G. LeTourneau comenzó a dar cuando su empresa se encontró al borde de la bancarrota, y Dios en los años subsiguientes comenzó a bendecirlo con gran éxito comercial. Otros también han intentado salir de la adversidad económica de este modo y, por lo general, recibieron la recompensa de una provisión abundante por sus actos de generosidad y fe.

Consejos para no deprimirse por los problemas económicos

Piensa en algunas negaciones importantes que contribuyen a una actitud positiva en medio de los problemas económicos:

- Nunca hables de dinero a la hora de comer.
- Nunca hables de dinero cuando estás turbado por otras cosas.
- Nunca hables de dinero en la cama.
- Nunca hables de tus problemas de dinero inmediatamente después de haber orado por ello.

Antes bien, sigue estos principios positivos: habla de tus problemas económicos con Jesús, y pídele que te dé nuevas ideas y fortaleza para resolver tus problemas.

Los creyentes no tienen por qué deprimirse por las preocupaciones económicas.

No podemos permitirnos el lujo de preocuparnos.

Deprimirnos por los problemas económicos indica que dudamos de la respuesta de Dios a nuestras oraciones.

La duda empobrece.

La fe positiva se regocija en la seguridad del cuidado del Padre. ¡Y siempre ahuyenta la depresión por los problemas económicos!

6

BUSCA LO POSITIVO EN LA VIDA DE LOS DEMÁS

Cuando te sientas deprimido, piensa si tal vez tus sentimientos negativos se deban a decepciones que los demás te han causado, incluso las mismas personas que amas.

"¿Podría orar para que Dios me lleve al cielo?", me preguntó una abuela deprimida.

Al escuchar mi negación a orar como ella quería, aquella atribulada mujer me contó su historia. No se sentía amada ni valorada. La familia de su hijo, en cuya casa vivía, le mostraba poco respeto. Para ella no tenía sentido seguir viviendo.

Tal vez puedas identificarte con ella.

Alguien en quien tú confiabas te defraudó. Alguien a quien ayudaste en tiempos de desdicha no se interesa en devolverte el favor ahora que estás en necesidad. Tu empleador le ha concedido la promoción que esperabas a otro empleado. Tu cónyuge se ha vuelto frío y distante. Tus hijos no han atendido tus enseñanzas y se han vuelto rebeldes a pesar de tus esfuerzos por educarlos bien.

Una conocida cantante dice que podría haber llegado a ser una víctima espiritual durante el primer año de sus giras musicales, de no haber sido por las primeras palabras de Hebreos 12:2: "puestos los ojos en Jesús…". Las inconsecuencias y debilidades de muchos cristianos la hubieran desilusionado, de no haber sido por la fortaleza que obtuvo al mirar más allá de las faltas de los demás y poner sus ojos en el Señor, el cual es perfecto.

Las personas pueden decepcionarnos

Dado que la Biblia es un registro inspirado y preciso de la vida de muchas personas, revela las imperfecciones de la naturaleza humana. Cuando leemos estos relatos, nos damos cuenta de que las personas son propensas a decepcionarse unas a otras. Sin embargo, a pesar de la falibilidad del ser humano, la Biblia nos habla de las grandes virtudes de personas imperfectas.

Abraham decepcionó a Sara al decirles a los reyes de Egipto que ella era su hermana, a fin de proteger su vida (Gn. 12:13). Pero Abraham se recuperó de ese tiempo de debilidad y llegó a ser conocido como amigo de Dios y padre de la fe. Jacob decepcionó a su padre Isaac al fingir que era su hermano Esaú, a fin de recibir las bendiciones del hijo primogénito (Gn. 27). Pero más adelante, su nombre cambió y ya no se llamó Jacob, sino Israel, que significa "Príncipe de Dios"; de modo que en su vejez vivió conforme a su nombre nuevo. Sansón decepcionó a sus padres y a otros al enredarse neciamente con mujeres (Jue. 14—16); pero en sus horas finales se transformó en un héroe nacional, que se cuenta entre los hombres de fe de Hebreos 11, un capítulo que se conoce como el museo bíblico de los famosos de la fe. Marcos decepcionó a Pablo cuando se rindió ante las presiones de su primer viaje misionero; pero más adelante Pablo confirmó el valor de Marcos como siervo de Dios al escribir: "Sólo Lucas está conmigo. Toma a Marcos y tráele contigo, porque me es útil para el ministerio" (2 Ti. 4:11).

Jesús sintió, más que nadie, las heridas de ser decepcionado por aquellos que amaba. En un principio, sus hermanos no creían en Él (Jn. 7:5). No pudo hacer muchos milagros en su propia tierra, a causa de la incredulidad de sus habitantes (Mt. 13:53-58). Aun después de su absoluto ejemplo de humildad, dos de sus discípulos, Santiago y Juan, confabularon entre ellos para conseguir el mejor lugar en el reino (Mt. 20:21). Aunque Jesús hizo muchas buenas obras entre su pueblo, los judíos trataron de apedrearlo (Jn. 10:31-32). Judas lo traicionó (Mt. 26:47-49). Pedro lo negó tres veces (Mt. 26:69-74). Aquellos por los que dio su vida lo maldijeron y crucificaron (Mt. 27). Tomás no llegó a tener la fe necesaria para creer en la resurrección (Jn. 20:24-25). Sin embargo, en todas estas dolorosas experiencias, no hubo ni una sola palabra de autocompasión o amargura por parte del Señor.

¿Por qué?

Porque conocía la naturaleza caída del ser humano y no lo desconcertaban sus desagradables manifestaciones. Él no había venido a condenar, sino a salvar. Más allá de la sanguinaria cruz, estaba el gozo de darle nueva vida a los pecadores redimidos, y este lado positivo del precio de la redención hizo que su sufrimiento valiera la pena: "Puestos los ojos en Jesús, el autor y consumador de la fe, el cual por el gozo puesto delante de él sufrió la cruz, menospreciando el oprobio, y se sentó a la diestra del trono de Dios" (He. 12:2).

Muchos de los que lo habían rechazado, creyeron. Santiago y Juan llegaron a ser fieles apóstoles, predicadores y escritores, que comunicaron a otros las buenas nuevas de la vida eterna. Pedro llegó a ser el portavoz de la iglesia del Nuevo Testamento, que llevó a miles a conocer a su Salvador. Tomás creyó después de una semana de dudas y finalmente dio su vida como un mártir, al ser traspasado con una espada y sufrir una herida, en cierto modo, parecida a la que una vez pidió poder tocar para creer. Estos hombres que decepcionaron a Jesús llegaron a ser testigos activos, que transformaron el mundo con la poderosa predicación del evangelio, que se les había encomendado.

Entender la falibilidad del carácter humano merma la decepción que nos ocasionan los demás cuando no se comportan como pensamos que deberían comportarse. Pero la clave para ser positivos es dejar de mirar las faltas de aquellos que nos decepcionan y buscar continuamente las cualidades positivas que poseen.

¿Cómo puedes decir eso, Pablo?

La carta de Pablo a la iglesia de Filipos contiene una afirmación sorprendente: "Doy gracias a mi Dios siempre que me acuerdo de vosotros" (Fil. 1:3).

¿Cómo pudo Pablo decir esto?

¿Acaso la iglesia de Filipos era perfecta?

En absoluto.

Las iglesias están compuestas por personas imperfectas. En el mejor de los casos, no son más que pecadores salvos por gracia. Por lo tanto, ninguna iglesia es perfecta. Henry Ward Beecher dijo: "La iglesia no es una galería para la exhibición de cristianos eminentes; sino una escuela para la educación de personas imperfectas, una guardería para el cuidado de los débiles y un hospital para la sanidad de aquellos que necesitan un tratamiento adecuado".[1]

—Estoy buscando una iglesia perfecta —le dijo una vez un hombre a C. H. Spurgeon.

—Si la encuentra, no vaya o la echará a perder —respondió Spurgeon.

Si la iglesia de Filipos no era perfecta, ¿cómo podía Pablo dar gracias cada vez que se acordaba de sus miembros?

La respuesta es simple.

Él se había propuesto centrarse en las virtudes, no en las imperfecciones de los creyentes de ese lugar. Esto no significa que fuera ciego a sus debilidades. En esta misma carta a esa iglesia, exhortó a dos mujeres, Evodia y Síntique, a ser de un mismo sentir en el Señor (Fil. 4:2). Estas dos mujeres evidentemente estaban en desacuerdo; pero Pablo no permitió que ese problema de la iglesia lo disuadiera o le impidiera pensar positivamente acerca de la congregación en general.

Cómo destruir un matrimonio

Durante mi ministerio pastoral, disfrutaba mucho cuando tenía que oficiar las ceremonias de bodas. Para mí, un matrimonio cristiano es un acontecimiento maravilloso.

Uno de los momentos más tiernos en la secuencia del proceso del matrimonio es la primera cita con el pastor. Dos jóvenes que se aman entran a la oficina del pastor, tomados de la mano, con un brillo especial en sus ojos, a fin de saber si la fecha que eligieron está disponible en el calendario de la iglesia y para ponerse de acuerdo con el pastor con respecto a los detalles de la boda. Para este importante suceso, yo había establecido un procedimiento que pensé que ayudaría a la pareja durante toda su vida de casados.

Primero, le preguntaba al futuro esposo por qué quería casarse con la muchacha. Su respuesta siempre era básicamente la misma: porque la amaba.

En ese momento, yo escribía "él la ama" en la parte superior de una hoja, mientras le preguntaba: "¿Por qué la amas?".

Después de esa pregunta, por lo general, se producía un incómodo período de silencio. A menudo, sentía pena por la avergonzada muchacha, cuyo futuro esposo no podía mencionar una razón de su amor por ella.

Una vez, un joven dijo: "Bueno, no es por su aspecto exterior".

Siempre me he preguntado cómo llegaron a casarse.

Finalmente, después de pensar bastante, el presunto novio escribía varias razones de su amor por ella.

Después que terminaba de escribir, le hacía la misma pregunta a la futura esposa. Puesto que había tenido más tiempo para pensar y había escuchado las razones dadas por su prometido, por lo general, a la muchacha le resultaba más fácil enumerar varias razones de su amor por él.

Después de este tiempo de preguntas revelador, les pedía que completaran la lista que habían comenzado a escribir ese día y que la trajeran a la próxima cita.

En nuestra segunda reunión, repasaba atentamente ambas listas y se las devolvía, y les aconsejaba que la guardaran para leerla en el momento que lo necesitaran durante su vida matrimonial.

"Se están casando con una persona imperfecta —les advertía—, y ambos tienen defectos que todavía no conocen del otro. Después de casarse, esos defectos comenzarán a aparecer, y cuando eso suceda, será el momento de volver a leer sus listas".

¿Qué estaba tratando de hacer?

Estaba haciendo el esfuerzo de enseñarle a la pareja cómo edificar una relación positiva. Una de las mejores maneras de lograrlo es evitar concentrarse en los defectos del otro y fijarse en sus virtudes. Es probable que esas cualidades positivas fueran las que, en un principio, los habían atraído y habían hecho que se enamoraran. Yo sabía que si comenzaban a concentrarse en sus características negativas, su matrimonio podría correr el peligro de derrumbarse bajo la tensión que eso les produciría.

Destruir un matrimonio es fácil.

Todo lo que hay que hacer es acentuar lo negativo.

Aquellos que se concentran en los defectos no deberían sorprenderse cuando llega el derrumbe.

Lo mismo sucede en cada una de las relaciones.

Pensar y hablar continuamente de las debilidades de la persona en cuestión terminará por destruir cualquier matrimonio, empresa, iglesia u organización. Pero pensar y hablar positivamente del otro, y uno al otro, hará que la relación sea más fuerte.

Los cristianos imperfectos de la iglesia primitiva

La iglesia primitiva es un ejemplo excelente del valor de superar el síndrome de pensar de manera negativa. Después de la resurrección, Jesús les había encomendado a sus discípulos que llevaran el evangelio a todo el mundo. Este pequeño grupo de seguidores recibió la responsabilidad de evangelizar a todo el planeta. La tarea debe de haberles parecido imposible.

Había ciento veinte seguidores reunidos en el aposento alto después de la ascensión de Jesús, y la mayoría de los líderes había demostrado ser falible. Si alguna vez hubo un grupo de personas que tuviera el potencial de fracasar, era este pequeño grupo.

Pedro había negado al Señor. Tomás había dudado de la resurrección de Jesús. Felipe tenía la reputación de tener pocas esperanzas. Santiago y Juan habían tratado de tener mayor jerarquía que los demás. Y las mujeres presentes habían ido a la tumba de Jesús el tercer día después de su crucifixión, para llevar especias y ungir el cuerpo.

Pero diez días después, esta insólita multitud reunida en el aposento alto para orar fueron las piezas claves de una explosión evangelística que sacudió Jerusalén. Ese día se añadieron a la

incipiente iglesia tres mil personas, que anteriormente eran
escépticas; y, desde entonces, el mundo no ha vuelto a ser el
mismo.

¿Qué fue lo que cambió un potencial fracaso en un éxito
sin precedente?

La respuesta a esta pregunta se encuentra en Hechos 1:14:
"Todos éstos perseveraban *unánimes* en oración y ruego, con las
mujeres, y con María la madre de Jesús, y con sus hermanos"
(cursivas añadidas). Hechos 2:1 enfatiza nuevamente la unidad
del grupo: "Cuando llegó el día de Pentecostés, estaban todos
unánimes juntos" (cursivas añadidas).

De alguna manera, estos individuos imperfectos pudieron
creer lo mejor uno del otro. Resistieron la tentación de reabrir
antiguas heridas. No se permitieron decir ni una palabra
de crítica entre ellos. Dejaron a un lado sus diferencias,
reemplazaron a Judas y prepararon sus corazones para la llegada
del Espíritu Santo, que iba a darles el poder que necesitaban
para cumplir la misión que tenían por delante.

Hoy día muchas iglesias carecen de poder, porque hay
conflictos, murmuraciones y calumnias entre sus miembros.
Igual que los fariseos, sus miembros se especializan en
encontrarles defectos a todos, y se dedican más a revelar los
defectos de sus hermanos que a suplir la necesidad de aquellos
que están heridos.

El canibalismo cristiano

En su carta a la iglesia de Galacia, Pablo acusa a los creyentes de canibalismo cristiano, y escribe: "Pero si os mordéis
y os coméis unos a otros, mirad que también no os consumáis
unos a otros" (Gá. 5:15).

Antiguamente, la iglesia de Galacia había sido un centro

de cristianismo dinámico. Era una iglesia llena de amor. Pablo dijo que en el pasado lo habían amado tanto que hubieran estado dispuestos a arrancarse los ojos para dárselos a él —probablemente porque no veía bien— si eso hubiera sido posible.

Por desgracia, las cosas cambiaron. La iglesia se volvió legalista y carente de amor. Ahora se dedicaban a murmurar y criticar. Se habían convertido en cristianos caníbales que se comían unos a otros y habían perdido su poder.

Un pastor que había aceptado la posición de pastor principal de una gran iglesia de renombre dijo que le parecía interesante observar a ciertos miembros mientras salían de la iglesia al finalizar el servicio. Estos trataban de no salir todos al mismo tiempo para no verse obligados a estrecharse las manos o saludarse unos a otros. Antiguos rencores profundamente arraigados y la malicia imperante hubieran destruido la iglesia si hubieran insistido en aquella desagradable actitud.

¿Qué es lo que produce semejante comportamiento carnal?

Fijarse en los defectos de los demás.

Los pacificadores

Hay un llamado supremo entre los creyentes que pocos parecen aspirar: buscar la paz. Un pacificador intercepta la información negativa, que a menudo circula entre los cristianos y divide personas que deberían amarse unas a otras.

No es fácil ser un pacificador, porque va en contra de nuestra naturaleza. Buscar la paz va en contra de nuestros deseos carnales.

Sin embargo, Jesús dijo: "Bienaventurados los pacificadores…" (Mt. 5:9).

¿Qué hace un pacificador?

Se olvida de las murmuraciones que escucha.

Cuando los defectos de sus amigos se transforman en el tema de discusión, desvía la conversación hacia otro tema.

Cuando escucha algo negativo de otra persona, no se siente obligado a repetir lo que le han dicho.

Cuando se le acercan personas que están descontentas, se niega a permitir que sus oídos se conviertan en un basurero para la crítica.

Cuando escucha que alguien habla bien de otra persona, está ansioso por contarle a esa persona que dijeron algo bueno de ella.

Está dispuesto a mediar entre aquellos que están en desacuerdo.

Conoce las debilidades de los demás, pero no se fija en ellas.

Es alguien que ha aprendido a refrenar su lengua (Stg. 1:26).

Es pronto para escuchar, tardo para hablar, tardo para la ira (Stg. 1:19).

Los pacificadores son personas positivas y valiosas, porque transforman los pensamientos insustanciales de los que hablan con él en pensamientos profundos. Ayudan a derribar barreras y sanar heridas. Miran las cualidades positivas de las personas. Por eso el Señor dijo que serían llamados hijos de Dios (Mt. 5:9).

¿Quién es el culpable?

Una mujer infeliz pensaba que no tenía sentido tratar de salvar su matrimonio. Sentada al otro lado de mi escritorio, me comentó las razones de su pesimismo y me contó una amarga historia de los defectos de su esposo. Él era un hombre negligente, poco afectuoso, cruel, impío y difícil de tolerar en el hogar.

"¿Tiene alguna cualidad buena?", le pregunté.

Hacía mucho tiempo que esta mujer no pensaba en ello. Después de un momento de silencio, comenzó a mencionar algunas cualidades que redimían a ese hombre miserable. Cuando la mujer se fue de mi oficina, toda su actitud había cambiado. Después de todo, él no era tan malo.

Mirar las cualidades positivas de los demás no es negar su maldad. Por el contrario, es reconocer las imperfecciones de los demás y actuar en amor.

¿Hay alguien que te cae mal? ¿Hay alguien con el que no te llevas muy bien? ¿Hay alguna persona que te puede arruinar el día tan solo al verla? ¿Te sientes afectado negativamente por alguien que tienes que ver casi todos los días?

Hay una preocupante posibilidad: *tú podrías ser el culpable.*

Evalúa tus reacciones negativas a la luz de este poderoso pasaje de la Biblia: "Quítense de vosotros toda amargura, enojo, ira, gritería y maledicencia, y toda malicia. Antes sed benignos unos con otros, misericordiosos, perdonándoos unos a otros, como Dios también os perdonó a vosotros en Cristo" (Ef. 4:31-32).

Esta es la clave para una tener una actitud positiva en nuestra relación con los demás: debemos tratarlos como Dios nos trata a nosotros.

Examina tu vida por un momento.

¿Qué ves?

¿Defectos? ¿Imperfecciones? ¿Faltas?

Es probable que sí.

A pesar de todo, Dios te ama y te ha perdonado por tu fe en Cristo. "Porque por gracia sois salvos por medio de la fe; y esto no de vosotros, pues es don de Dios; no por obras, para que nadie se gloríe" (Ef. 2:8-9).

Y no solo esto. Las buenas nuevas continúan: "Porque

somos hechura suya, creados en Cristo Jesús para buenas obras, las cuales Dios preparó de antemano para que anduviésemos en ellas" (Ef. 2:10).

Dios ha visto el potencial en cada uno de nosotros, y a pesar de nuestras faltas y debilidades, se ha propuesto desarrollar en nosotros la persona que deberíamos ser. Nos ha hecho libres del pecado y está haciendo su obra en nosotros para fortalecer las cualidades positivas en nuestra vida.

¿Acaso tenemos razón de pensar mal de los demás porque no responden a nuestras expectativas? ¿Hemos de criticar a aquellos que nos han ofendido, sin reconocer su valor como personas, y reaccionar negativamente ante su misma presencia?

Nunca nos han ofendido de la manera que hemos ofendido a Dios. Sin embargo, Él nos ha perdonado y obra continuamente en nuestra vida para ayudarnos a alcanzar nuestro máximo potencial.

Cuando miramos las cualidades positivas de los demás, no nos cuesta amarlos. Y a medida que amamos a los que son antipáticos, nos vamos asemejando más a nuestro Salvador.

Junto con otra iglesia, realizamos una tarea de asistencia a una familia necesitada cuyo esposo y padre acababa de salir de la cárcel. En forma conjunta, les suministramos alimentos, ropa y hospedaje. Los miembros de nuestra iglesia hicieron varios intentos de buscarle trabajo a la cabeza de familia, para que pudieran establecerse y abrirse camino ellos solos.

El tiempo pasaba, y aún no lográbamos que fueran autosuficientes. Me desilusioné con el proyecto, porque pensaba que ese hombre no se estaba esforzando demasiado. Entonces empecé a ver que nuestro ferviente esfuerzo estaba cayendo en saco roto y le comenté mi preocupación al pastor de la otra iglesia.

Nunca olvidaré su respuesta a mi reacción negativa: "Es mejor que ellos nos fallen a nosotros, a que nosotros les fallemos a ellos", dijo el pastor. Se limitó a mirar lo positivo.

En su composición breve, pero poderosa, titulada "Mi elección eterna", un escritor anónimo resume el valor de ser positivo respecto a las personas, aun con aquellas que posiblemente nos decepcionen. Él escribe:

> Cuando recibamos nuestra recompensa, preferiría haberme equivocado en el aspecto de la gracia, y no en el del juicio; haber amado demasiado, en vez de haber amado demasiado poco; haber perdonado a los que no se lo merecían, en vez de no perdonar al que se lo merecía; haber alimentado a un parásito, en vez de haber ignorado al que verdaderamente estaba hambriento; que se hayan aprovechado de mí, y no que yo me haya aprovechado de los demás; haber creído demasiado en mis hermanos, en vez de haber creído demasiado poco; haberme equivocado por confiar demasiado, y no por ser desconfiado; haber creído lo mejor y haberme equivocado, que haber creído lo peor y tener la razón.[2]

Cuidado: Dios está trabajando

El fallecido Fred Renich, escritor y orador talentoso, mostró otra dimensión de la necesidad de fijarse en las cualidades de los demás. "Confíe y crea que el Espíritu Santo está trabajando en la vida de su hermano", dijo él.

¡Cuán en lo cierto estaba!

Aunque puede que mi hermano no sea perfecto, el Espíritu Santo está haciendo su obra de santificación en él, para conformarlo a la imagen de Cristo. Así que no solo puedo fijarme en las cualidades positivas de su carácter, sino en su progreso espiritual y su cambio positivo. ¡Mañana, él será mejor que hoy, y yo también!

7

MIRA MÁS ALLÁ DE TUS CIRCUNSTANCIAS

Juan Wesley estaba caminando con un amigo, que se sentía agobiado por los problemas que lo aquejaban. La ansiedad por la crisis que estaba enfrentando le había consumido la alegría de vivir. Mientras caminaban, vieron una vaca que miraba por encima de un muro de piedra.

—¿Sabes por qué la vaca está mirando por encima del muro de piedra? —preguntó Wesley.

—No —respondió el amigo.

—Porque no puede ver a través de él —dijo Wesley—. Y eso es lo que debes hacer con el muro de tus problemas: mirar por encima de él y evadirlo.[1]

Los problemas no son para siempre

Todas las pruebas son transitorias, y deberíamos mirar más allá de estas. Comprender este hecho es indispensable para ser positivos en medio de las circunstancias más difíciles.

Una vez, un rey les pidió a sus asesores que pensaran en una afirmación que nunca perdiera vigencia. Y llegaron a la conclusión de que era: "Esto también va a pasar".

Pedro enfatizó esta reconfortante verdad cuando les escribió a los creyentes que estaban pasando por pruebas, y les dijo que sus "pruebas" eran por "un poco de tiempo" (1 P. 1:6) y les aseguró que les esperaban días mejores.

Mi profesión me ha colocado al lado de personas en los

momentos más difíciles de sus vidas. He estado con su llanto, con su dolor de ver frustrados el cumplimiento de sus sueños y al encontrarse ante la realidad de lo temido e inesperado. Pero he visto que estas mismas personas se han levantado tras la tormenta para seguir viviendo positivamente. y muchas veces han visto sus pruebas como una experiencia de aprendizaje que más adelante les sería de provecho.

Empresarios que parecían estar al borde de la bancarrota, después de orar, lograron salir adelante con éxito.

Personas afligidas que habían llegado a pensar que el sol nunca volvería a brillar en sus vidas después de la muerte de un ser amado descubrieron que la gracia de Dios es suficiente y volvieron a sonreír.

Padres desesperanzados por la vida de sus hijos descarriados esperaron, mantuvieron los canales de comunicación abiertos, oraron en fe, y ahora se regocijan en las cosas buenas que están sucediendo en la vida de aquellos que aman.

Me he admirado por la capacidad de recuperación y de volver a hallar propósito en la vida de mujeres cuyo matrimonio de muchos años se desintegró ante el repentino abandono de su esposo. Varias veces, mi corazón se quebrantó junto a mujeres que, con lágrimas en sus ojos, me contaban la historia de su abandono. Pero una y otra vez he visto el resultado del poder y el consuelo de Dios en medio de estas tragedias, y ahora estoy totalmente convencido de que las mujeres que han sido abandonadas pueden seguir adelante en victoria.

He visto muchos matrimonios restaurados, cuando parecía que habían llegado a un punto sin retorno. Cuando conocí a Bill y Shirley Lyon, hacía casi seis meses que estaban divorciados. Antes de su separación, Bill había estado bebiendo en exceso, y Shirley no podía soportarlo más. Ella tardó más de dos años en tomar la decisión de terminar con su matrimonio. Durante ese tiempo, pensó que había hecho todo lo posible para salvar su hogar. Había estado asistiendo a una iglesia, pero de algún modo, la iglesia que había elegido no logró atender sus necesidades. Finalmente, se convirtió en Testigo de Jehová. La ruptura de este hogar fue aún más trágica porque tenían tres hijos pequeños.

Pero la historia no termina allí.

La madre de Shirley se encargó de que su hija asistiera a sesiones de consejería conmigo para que pudiera hablarle de algunas cosas de la Biblia. Ella estuvo de acuerdo en asistir, solo porque pensó que podría convertirme a las doctrinas de su nueva religión; pero después de una de las sesiones, experimentó el nuevo nacimiento. Un tiempo después, Bill también conoció a Cristo como su Salvador. Y antes de los seis meses, Bill y Shirley se volvieron a unir en matrimonio. Lo que parecía ser una tragedia irreversible se había transformado en una demostración del poder de Jesucristo que cambia vidas y hogares.[2]

Aprende durante las pruebas

Deja de creer que la aparente adversidad de hoy es definitiva. Cree que Dios está obrando y que, al confiar en Él, todas las cosas ayudarán para bien en tu vida.

A los diecisiete años, mi amigo Edward E. Powell, hijo, estuvo implicado en un grave accidente automovilístico. Debido a las heridas que sufrió, tuvieron que hacerle ciento treinta y siete puntos de sutura en su cabeza; y, además de las diversas heridas de cortes y contusiones, perdió cuatro dientes delanteros. Pero había otra contusión más difícil de sobrellevar: la contusión económica. El automóvil que estaba conduciendo no estaba asegurado, de modo que tuvo que asumir una deuda de aproximadamente doce mil dólares. Esto sucedió en 1951, cuando el dólar valía mucho más que hoy, y los salarios no eran tan altos como en la actualidad.

A las dos semanas del accidente, preocupado por esta montaña de deudas, Edward se reintegró a su trabajo. Al poco tiempo, buscó un segundo empleo y pidió que le dieran la mayor cantidad de horas extras posibles. Redujo al mínimo sus gastos. Aprendió a subsistir con lo mínimo. Y con arduo trabajo en ambos empleos y disciplina en sus gastos, saldó toda la deuda en menos de tres años.

Posteriormente, Edward Powell llegó a ser un contratista de obras y promotor inmobiliario extremadamente exitoso, líder de una de las operaciones constructoras más importantes en esta parte de nuestro estado. En la actualidad, está involucrado en numerosos negocios y se desempeña como asesor de inversiones. Es interesante ver que él considera que el accidente automovilístico ocurrido en su juventud es uno de los factores clave de su éxito. En su libro, *Turning Points* [Momentos de cambio], dice:

> Por este accidente, aprendí varias lecciones que podría haberme llevado muchos años aprenderlas en el curso habitual de la vida. La presión de tener que hacerle frente a una deuda de doce mil dólares me forzó a madurar y me enseñó que hay algunas deudas de las que no podemos escapar. Verme obligado a hacerle frente a esta responsabilidad me convirtió en mejor hombre. Aprendí que se pueden enfrentar grandes obstáculos y superarlos, si realmente se hace el esfuerzo.

Enfrentar una deuda de doce mil dólares a los diecisiete años me hizo sentar la cabeza. Había comenzado a ganar buen dinero y a darme todos los gustos. Pero ya no tenía dinero para nada que no fuera pagar mis deudas. Aunque me hubiera gustado ir a muchos lugares y hacer muchas cosas, simplemente no podía darme esos lujos. Estaba aprendiendo cuáles eran los límites de la vida en medio de una crisis económica.

Al mirar atrás, puedo ver que esta responsabilidad que tuve que asumir, junto a una gran demanda de disciplina y esfuerzo adicional por mi parte, era precisamente la preparación que necesitaría para llevar a cabo las enormes responsabilidades de la dirección de una gran compañía constructora posteriormente en mi vida.[3]

Para los discípulos, no pudo haber habido un momento más terrible que el de la crucifixión del Señor. A fin de preparar sus corazones para ese terrible momento, Jesús les dijo:

"De cierto, de cierto os digo, que vosotros lloraréis y lamentaréis, y el mundo se alegrará; pero aunque vosotros estéis tristes, vuestra tristeza se convertirá en gozo. La mujer cuando da a luz, tiene dolor, porque ha llegado su hora; pero después que ha dado a luz un niño, ya no se acuerda de la angustia, por el gozo de que haya nacido un hombre en el mundo. También vosotros ahora tenéis tristeza; pero os volveré a ver, y se gozará vuestro corazón, y nadie os quitará vuestro gozo" (Jn. 16:20-22).

El futuro inmediato les deparaba bastantes pruebas a estos hombres fieles que lo habían dejado todo para seguir a Cristo, pero más adelante les esperaba gozo perpetuo y plena satisfacción. Lo mejor aún estaba por llegar.

El fallecido Dr. John R. Rice escribió:

> Amado hijo de Dios, que estás angustiado, ¡créeme, las aves pueden volver a cantar para ti! Dios puede dar alegría en lugar de espíritu angustiado, gloria en lugar de ceniza. Él puede restaurar los años que se comió la oruga. El hijo pródigo puede salir de la desdicha, la escasez y la angustia del país lejano y volver a regocijarse en la mesa del padre. Lo digo de todo corazón; como alguien que ha estado cargado y ahora ha hallado descanso, como alguien que era pecador y ha sido perdonado, como alguien que ha tenido muchas aflicciones y ha encontrado un dulce consuelo, como alguien preocupado, nervioso y turbado, y que gracias a Dios ha aprendido a tener paz.[4]

Se necesita visión telescópica

Necesitamos desarrollar una visión telescópica que nos permita mirar más allá de nuestras dificultades del presente a las cosas mejores que nos esperan en el futuro. Aunque no sabemos qué nos deparará el futuro, sabemos que todas las cosas les ayudan a bien a los que aman a Dios (Ro. 8:28). Con esto en mente, podemos enfrentar el futuro con la seguridad de saber que todo lo que nos suceda está en las tiernas manos de Dios.

Cuando Sue Latter tenía dieciséis años, llegó a ser campeona de atletismo en carreras de cuarenta y ochenta metros en la categoría femenina de las escuelas secundarias de Michigan. Para cualquiera, aquello hubiera sido un logro importante; pero para Sue y sus padres era un milagro.

Los padres de Sue recuerdan los zapatos correctivos que tuvo que usar cuando era niña y la constante posibilidad de tener que usar aparatos ortopédicos que le enderezaran el pie derecho que tenía torcido. Desde que tenía un año, ese pie se había doblado tanto hacia adentro que parecía que nunca podría volver a caminar normalmente. Después de dos años de tratamiento, los aparatos ortopédicos seguían siendo una firme posibilidad, pero los padres de Sue siguieron orando pidiendo que Dios sanara el movimiento de su pie.

Imagínate la satisfacción de estos padres cuando, doce años más tarde, vieron que su hija, a los dieciséis años de edad, obtuvo el primer puesto en el estado de Michigan en el encuentro deportivo de Lansing. Los padres de Sue no tenían palabras para expresar su agradecimiento, y Sue también daba gracias por la bondad de Dios para con ella.

Tener que observar a su hijita de un año que luchaba por caminar con su pie derecho torcido había sido desalentador para Fred y Katie Latter. Si no hubieran creído en el poder de la oración, hubieran abandonado la esperanza de que alguna vez caminara sin dificultad. Pero la fe les permitió mirar más allá. Y Sue ganó la competencia estatal con un estilo de carrera casi perfecto.

Ganar la competencia atlética de alumnos de escuela secundaria del estado de Michigan fue solo el principio para Sue. Sus padres pensaron que aquello era el cumplimiento de sus sueños y la respuesta a sus oraciones, pero les esperaban aún muchas más sorpresas agradables. Mientras cursaba sus estudios en la Universidad Estatal de Michigan, Sue llegó a ser premiada como una atleta ejemplar de los Estados Unidos. Además ha participado en competencias de varias naciones del mundo, y ha sido considerada una de las mejores competidoras en carreras de mil quinientos metros del equipo norteamericano en los Juegos Olímpicos de 1984. En la actualidad, Sue está casada y es conocida entre los fanáticos del atletismo como Sue Addison.

Sus triunfos deportivos le han dado a Sue muchas oportunidades de testificar de su fe en Cristo. La magnitud de la respuesta a las oraciones de sus padres superó ampliamente sus expectativas. La reacción de su padre ante el resultado de los acontecimientos, a fin de cuentas, podría ser una descripción de la vida de Sue: "Dios le ha dado a Sue más de lo que hemos pedido. Nosotros habíamos orado para que pudiera caminar normalmente; pero Dios hizo de ella una campeona".[5]

Muchas veces Dios nos da más de lo que esperamos (Ef. 3:20). Hace tiempo, me sentía tan abrumado por un problema, que mis sentimientos negativos se reflejaban claramente en mi rostro. Al ver mi semblante de confusión, un amigo me dijo: "¡Ánimo! Las cosas no van a salir tan mal como tú piensas".

¡Qué represión para alguien que cree que Dios realmente cuida de nosotros! Sin embargo, igual que yo, muchos suelen deprimirse por los problemas que les aquejan. Si hoy te sientes deprimido, no eres el primero en estar tan confundido.

Perseguido por la malvada reina Jezabel y sus aliados, el profeta Elías pensó que ya no tenía motivos para seguir viviendo. Se deprimió tanto que oró para que Dios le quitara la vida (1 R. 19). Pero el futuro de Elías fue más prometedor que el que imaginó. Dios lo protegería de sus perseguidores y sería uno de los únicos dos hombres de la tierra que no habrían de experimentar la muerte física (2 R. 2).

David estuvo rodeado por enemigos que querían destruirlo. Puesto que eran muchos, podría haber sucumbido ante las dudas y los temores; pero su confianza en la bondad de Dios lo sostenía. Por ello escribió: "Hubiera yo desmayado, si no creyese que veré la bondad de Jehová en la tierra de los vivientes" (Sal. 27:13). A pesar de lo difícil de su situación, era optimista al creer que Dios usaría sus problemas presentes para bien, y que le daría fortaleza y paciencia para sobrevivir y seguir cantando.

Lo mejor aún está por llegar

En su reconfortante libro *Dark Threads the Weaver Needs* [Hilos oscuros en el tejido de las necesidades], Herbert Lockyer cuenta algunas experiencias de Billy Bray, un minero de Cornualles y un cristiano reconocido por su optimismo. Billy soportó muchísimas persecuciones por su fe, pero nunca se desalentó por ello. Él decía que, aunque sus perseguidores lo encerraran en un barril, él gritaría: "¡Gloria!" por la abertura. Tenía gozo y consuelo en cualquier situación de su vida; porque su felicidad no dependía de sus circunstancias, sino a pesar estas.

Billy llamaba a sus pies por nombre, a uno Gloria y al otro Aleluya, para que cuando caminara pudiera pensar que estaban expresando esas palabras de alabanza. Lockyer dice que fue muy propio de Billy haberle puesto nombre a sus pies y no a los caminos; porque algunos caminos podían conducir a jardines de flores, y otros, a campos de espinos, pero con él sus pies harían resonar su mensaje, no importa qué dijera el camino.[6]

Se dice que este optimista minero cristiano, que se deleitaba en la alabanza, oraba de la siguiente manera cada mañana antes de ir a trabajar a las minas: "Señor, si cualquiera de nosotros debe morir en este día, que sea yo. No permitas que ninguno de estos hombres muera, pues ellos no son tan felices como yo. Y si hoy me muero, sé que voy al cielo".

La seguridad del cielo que tenía Billy Bray evidentemente era la clave de su actitud positiva. Cada experiencia de su vida se caracterizaba por su inconmovible fe en la promesa de Dios de dar entrada al cielo a todo aquel que cree. Él había aprendido el valor de mirar más allá.

Esta también era la fuerza motivadora que hacía que los cristianos primitivos fueran victoriosos en vista de las privaciones y persecuciones que debían soportar. Mientras lo apedreaban para quitarle la vida, Esteban miró al cielo y pudo ver a Jesús allí, a la espera de su llegada. Por ello, pudo orar por sus asesinos, pues sabía que había una parte de él que no podían lastimar, y que las piedras solo podían causarle dolor por un breve tiempo, después de lo cual estaría con el Señor (Hch. 7).

Los cristianos transitan fugazmente esta tierra durante algunos años, mientras se dirigen a un lugar mucho mejor (Fil. 1:21-23). Pablo explicó que al morir nos trasladamos inmediatamente de la tierra al cielo, y dijo que esta esperanza debería inspirarnos absoluta seguridad y verdadera expectativa: "Pero confiamos, y más quisiéramos estar ausentes del cuerpo, y presentes al Señor" (2 Co. 5:8).

¿Es la doctrina del cielo totalmente independiente del mundo complejo de hoy día, sin ningún tipo de relación con los problemas que enfrentan las personas en la preocupante era nuclear?

En absoluto.

Por el contrario, ofrece la única esperanza segura de que nos espera algo mejor. Y la esperanza es el objetivo fundamental de las pruebas que nos sobrevienen: "Y no sólo esto, sino

que también nos gloriamos en las tribulaciones, sabiendo
que la tribulación produce paciencia; y la paciencia, prueba;
y la prueba, esperanza" (Ro. 5:3-4). A través de las pruebas,
comprendemos que en Dios tenemos plena satisfacción de
nuestras necesidades.

¿Tienes miedo de perder tu casa? Piensa que tienes una casa
mucho mejor en el cielo. Jesús dijo: "En la casa de mi Padre
muchas moradas hay; si así no fuera, yo os lo hubiera dicho;
voy, pues, a preparar lugar para vosotros. Y si me fuere y os
preparare lugar, vendré otra vez, y os tomaré a mí mismo, para
que donde yo estoy, vosotros también estéis" (Jn. 14:2-3).

¿Estás padeciendo alguna enfermedad dolorosa? Algún
día te olvidarás de los dolores que están mortificando y
limitando tu vida, y la magnitud del gozo venidero será tan
grande que superará cualquier aflicción que alguna vez hayas
experimentado. Pablo escribió: "Pues tengo por cierto que las
aflicciones del tiempo presente no son comparables con la
gloria venidera que en nosotros ha de manifestarse" (Ro. 8:18).
Y este cuerpo que ahora te causa aflicción será transformado y
glorificado en la resurrección, y nunca se volverá a enfermar:
"Se siembra en deshonra, resucitará en gloria; se siembra en
debilidad, resucitará en poder" (1 Co. 15:43).

¿Te han ofendido? ¿Te han despreciado? ¿Han hablado
mal de ti? ¿Se han apartado de ti debido a tu fe? El cielo te
recompensará abundantemente por tales pruebas. Jesús dijo:
"Bienaventurados seréis cuando los hombres os aborrezcan, y
cuando os aparten de sí, y os vituperen, y desechen vuestro
nombre como malo, por causa del Hijo del Hombre. Gozaos
en aquel día, y alegraos, porque he aquí vuestro galardón
es grande en los cielos; porque así hacían sus padres con los
profetas" (Lc. 6:22-23).

¿Has perdido a algún ser amado? ¿Te cuesta demasiado enfrentar la vida? Mira más allá de tus circunstancias y podrás seguir adelante. El cielo será cada vez más preciado, al visualizar allí el encuentro con tus seres amados.

¿Te deprimes ante la condición del mundo? ¿Te resulta difícil ser positivo en este mundo conflictivo? ¿Te sientes angustiado y perplejo ante el peligro de un estallido mundial? ¿Dudas de la posibilidad de supervivencia? Recuerda que nada ha tomado alguna vez al Señor por sorpresa. La condición del mundo en nuestros días ha sido profetizada en la Biblia; incluso la preocupación de aquellos que son testigos de estas cosas. Al hablar de los últimos tiempos, Jesús dijo: "Entonces habrá señales en el sol, en la luna y en las estrellas, y en la tierra angustia de las gentes, confundidas a causa del bramido del mar y de las olas; *desfalleciendo los hombres por el temor y la expectación de las cosas que sobrevendrán en la tierra*; porque las potencias de los cielos serán conmovidas" (Lc. 21:25-26, cursivas añadidas).

¿Te provocan llanto a menudo los problemas que estás enfrentando? El cielo enjugará tu llanto y nunca volverás a llorar: "Enjugará Dios toda lágrima de los ojos de ellos; y ya no habrá muerte, ni habrá más llanto, ni clamor, ni dolor; porque las primeras cosas pasaron" (Ap. 21:4).

¿Te sientes desilusionado de la vida por haber recibido menos que otros? ¿Te sientes amargado porque otros han prosperado mientras tú siempre has tenido que luchar para poder subsistir? El Señor dará una recompensa eterna a los siervos fieles: "He aquí yo vengo pronto, y mi galardón conmigo, para recompensar a cada uno según sea su obra" (Ap. 22:12).

¿Estás cansado de tu obsesión por el dinero? Invierte tus bienes sabiamente y mira más allá. Hay una manera de hacer que tu dinero te pague dividendos eternos: "...haceos tesoros en el cielo, donde ni la polilla ni el orín corrompen, y donde ladrones no minan ni hurtan" (Mt. 6:20). Dar es positivo; la avaricia es negativa. Dar nos levanta el ánimo.

Todo lo que Dios hace es para bien, y su plan siempre se cumple en el momento preciso. A menudo no entendemos qué está haciendo; porque nuestra visión es muy limitada, muy terrenal: "Como son más altos los cielos que la tierra, así son mis caminos más altos que vuestros caminos, y mis pensamientos más que vuestros pensamientos" (Is. 55:9). Sin embargo, cuando confiamos en su amor, podemos ver más allá de nuestras vicisitudes. La fe espera mejores cosas en el futuro y acepta el hecho de que nuestras pruebas del presente no son otra cosa que parte de nuestro programa de capacitación del Señor, a fin de poder servir con más eficacia.

Dado que nuestro tiempo en la tierra es limitado, muchas de nuestras recompensas llegarán después que pase esta vida. El cielo, las mansiones, la resurrección, el reino, el cielo nuevo y la tierra nueva, todo les espera a los creyentes en el futuro. Ni en nuestros sueños más fantasiosos nos hemos imaginado lo que realmente nos espera:

> "Antes bien, como está escrito: Cosas que ojo no vio,
> ni oído oyó, ni han subido en corazón de hombre,
> son las que Dios ha preparado para los que le aman"
> (1 Co. 2:9). "Para mostrar en los siglos venideros las
> abundantes riquezas de su gracia en su bondad para
> con nosotros en Cristo Jesús" (Ef. 2:7).

Una vez hablé con un hombre que estaba a punto de cumplir noventa años. Era famoso en la comunidad donde vivía por ser un testigo fiel de Cristo, con una vida que respaldaba lo que testificaba. Comenzamos a hablar del cielo. Ante la primera mención de ese lugar prometido, sus ojos se llenaron de lágrimas, que rápidamente se derramaron sobre su rostro curtido y arrugado.

"Los días son cada vez más prometedores", dijo.

El anciano había estado toda la vida mirando más allá de sus circunstancias y ahora anhelaba seguir adelante para recibir su recompensa.

Hace tiempo ya que mi amigo partió a su hogar celestial.

Me pregunto qué me dirá cuando nos volvamos a ver.

Puesto que nunca dejaremos de mirar más allá en el cielo, donde hay plenitud de gozo y delicias para siempre, puede que simplemente me repita lo que me dijo en aquella reunión hace tanto tiempo: "¡Los días son cada vez más prometedores!".

8

NO MIRES ATRÁS

Satchel Paige, el famoso jugador de béisbol, obtuvo reputación nacional por sus reglas para una vida exitosa. La mejor de estas fue: "No mires atrás. Algo te puede estar alcanzando".

Hay gran cantidad de instrucciones en la Biblia acerca del peligro de mirar atrás. La esposa de Lot miró atrás cuando Sodoma era destruida y se convirtió en estatua de sal (Gn. 19:26). Los israelitas miraron atrás al anhelar regresar a Egipto, porque no creían que Dios les daría la victoria de poseer la Tierra Prometida; razón por la cual, tuvieron que seguir deambulando en el desierto durante cuarenta años (Nm. 14:28-35). Jesús dijo: "...Ninguno que poniendo su mano en el arado mira hacia atrás, es apto para el reino de Dios" (Lc. 9:62). Pablo escribió: "...una cosa hago: olvidando ciertamente lo que queda atrás, y extendiéndome a lo que está delante, prosigo a la meta, al premio del supremo llamamiento de Dios en Cristo Jesús" (Fil. 3:13-14).

Algo para recordar

Al mismo tiempo, hay una serie de pasajes bíblicos que hablan de recordar, que en realidad es mirar atrás. Aunque la esposa de Lot fue juzgada por mirar atrás cuando Sodoma era destruida, Jesús instruye a aquellos que vivan en los últimos tiempos para que recuerden a la esposa de Lot, a fin de que aprendan de la trágica consecuencia de mirar atrás y se prepararen para su venida (Lc. 17:32).

En una explicación del significado de esta advertencia profética, J. C. Ryle escribió:

> El juicio de Dios sobre esta mujer culpable se ejecutó mediante un milagro. La misma mano todopoderosa que, en un principio le había dado la vida, le quitó la vida en un abrir y cerrar de ojos. Era un ser vivo de carne y sangre que se convirtió en una estatua de sal.
>
> ¡Este es un final espantoso para cualquier ser humano! Morir en cualquier momento es un acto solemne. Aunque podamos morir rodeado de amigos y afectos, serenos y en paz en nuestra cama, con las oraciones de hombres piadosos que resuenan en nuestros oídos, con la buena esperanza en la gracia y la plena seguridad de la salvación, en el descanso del Señor Jesús, sostenidos por las promesas del evangelio; aún así, la muerte es asunto serio. Pero morir de repente y en un instante, en la misma escena del pecado, en plena salud y vida, por intervención directa de un Dios airado ¡realmente es espantoso![1]

Recordar la destrucción de la esposa de Lot junto a sus tesoros en Sodoma tiene como objetivo promover una vida santa en los últimos días.

Al instituir la Cena del Señor, Jesús les dijo a sus discípulos que recordaran la cruz. Lucas escribe: "Y tomó el pan y dio gracias, y lo partió y les dio, diciendo: Esto es mi cuerpo, que por vosotros es dado; haced esto en memoria de mí. De igual manera, después que hubo cenado, tomó la copa, diciendo: Esta copa es el nuevo pacto en mi sangre, que por vosotros se derrama" (Lc. 22:19-20).

Al recordar la cruz, millones han encontrado un poderoso incentivo para poder rendirse totalmente a Dios. Pablo dice que tomar la cruz a la ligera les ha causado enfermedades a algunos y la muerte a otros: "Por lo cual hay muchos enfermos y debilitados entre vosotros, y muchos duermen" (1 Co. 11:30). Hace siglos que los cristianos se reúnen periódicamente para participar de la Santa Cena, cuando al recordar la cruz sienten la necesidad de confesar sus pecados y consagrar su vida al Salvador.

Aunque Pablo escribió "olvidando ciertamente lo que queda atrás", no dejaba de recordar su experiencia de conversión y dar a conocer los detalles de esta cada vez que se le presentaba la oportunidad. Aunque estuviera frente a reyes y gobernadores, encontraba la manera de contarles la historia de su conversión. Por eso, evidentemente, no pudo haber dicho que hemos de olvidar lo que alguna vez nos ha sucedido.

La iglesia de Éfeso había dejado su primer amor. Si bien estaba febrilmente ocupada en las actividades cristianas, esta iglesia se había apartado de la cálida y maravillosa relación que había experimentado con Cristo. Para restaurar el primer amor de la iglesia, Jesús les pidió a los cristianos de ese lugar que recordaran que en otro tiempo habían amado al Señor fervientemente y le habían servido con todo su corazón: "Recuerda, por tanto, de dónde has caído, y arrepiéntete, y haz las primeras obras; pues si no, vendré pronto a ti, y quitaré tu candelero de su lugar, si no te hubieres arrepentido" (Ap. 2:5).

Algo para olvidar

Por lo tanto, a veces es conveniente y positivo mirar atrás. Pero también hay circunstancias y experiencias del pasado que es mejor olvidarlas. Cuando las recordamos, tienen un efecto tan negativo sobre nosotros, que a menudo nos traen sentimientos de depresión, culpa y amargura. En estos casos, presta atención a estas palabras: "¡NO MIRAR ATRÁS!", pues puede servirte para vivir positivamente o caer en el pozo de la desesperación. Aquí hay algunos ejemplos.

• *No mires atrás a los pecados que han sido perdonados.* El perdón borra toda culpa y nos asegura hacer borrón y cuenta nueva para el futuro. Deja el pecado atrás de nosotros para siempre y aleja a todos nuestros acusadores.

Una calcomanía popular, que se pega en el parachoques de los automóviles, dice: "LOS CRISTIANOS NO SOMOS PERFECTOS... SOLO PERDONADOS". Y en verdad podemos decir que los cristianos somos perdonados. Piensa en las siguientes garantías de recibir perdón al poner nuestra fe en Cristo:

"En quien tenemos redención por su sangre, el perdón de pecados según las riquezas de su gracia" (Ef. 1:7).

"Antes sed benignos unos con otros, misericordiosos, perdonándoos unos a otros, como Dios también os perdonó a vosotros en Cristo" (Ef. 4:32).

"Y a vosotros, estando muertos en pecados y en la incircuncisión de vuestra carne, os dio vida juntamente con él, perdonándoos todos los pecados" (Col. 2:13).

"Y de Jesucristo el testigo fiel, el primogénito de los muertos, y el soberano de los reyes de la tierra. Al que nos amó, y nos lavó de nuestros pecados con su sangre" (Ap. 1:5).

En estos días de autoritarismo paternalista, el perdón absoluto puede resultar difícil de entender. Los bancos, el gobierno y muchas empresas tienen acceso a una gran cantidad de datos acerca de todos nosotros. Las computadoras guardan información de cada pago atrasado; y cada dificultad que hubo en saldar la deuda de un préstamo podría perseguir al posible prestatario durante años, aun cuando los antecedentes de la antigua cuenta se hayan borrado hace tiempo.

¡Cuán diferente es nuestro Señor!

Los pecados confesados son pecados perdonados: "Si confesamos nuestros pecados, él es fiel y justo para perdonar nuestros pecados, y limpiarnos de toda maldad" (1 Jn. 1:9).

No hay ninguna computadora cósmica que contenga los registros de ningún hijo de Dios. Todas nuestras deudas han sido cargadas a la cuenta de nuestro Salvador: "Todos nosotros nos descarriamos como ovejas, cada cual se apartó por su camino; mas Jehová cargó en él el pecado de todos nosotros" (Is. 53:6).

Recuerdo haber leído con gran preocupación la carta de una mujer cristiana de otro estado. Ella había estado viviendo como una bomba de tiempo durante más de medio siglo. En esos años, su vida había sido ejemplar, y sus familiares y conocidos la respetaban y la amaban. Probablemente nadie sospechaba de su perturbación interna. No obstante, la bomba de tiempo había comenzado la cuenta regresiva.

En su juventud, esta mujer había confesado un pecado al Señor y le había pedido perdón. Esa primera confesión se convirtió en la primera de tantas otras, siempre relativas a ese mismo pecado. Justo antes de comenzar a escribir su carta, estaba tan abrumada por la culpa que llegó al borde de la desesperación. Estaba dispuesta a hacer casi cualquier cosa para sentirse perdonada.

¿Qué otra cosa podía hacer para ser perdonada?

Nada.

¿Qué otra cosa podía hacer para *sentirse* perdonada? Creer las promesas de la Biblia respecto al perdón.

Igual que esta agobiada mujer, hay muchos cristianos que no se atreven a sentirse perdonados. Tal vez seas uno de aquellos que no dudan de la capacidad de Dios de perdonar a otros, pero tu caso te parece que es especial. La magnitud de tu pecado es motivo de gran preocupación de noche y de día. Confiesas el mismo pecado una y otra vez; sin embargo, cuando te despiertas a la mañana siguiente, el pecado continúa estando allí, y muchas veces es en lo último que piensas a la noche. Darías cualquier cosa para poder volver el tiempo atrás y revivir una hora de la cual te lamentas. Pero eso es imposible.

¿Qué puedes hacer?

Puedes aceptar la realidad del perdón de Dios. El amor de Él es más grande que tus pecados, incluso aquel que te persigue año tras año. De este modo, estarás sometiendo tus sentimientos a la realidad de la gracia de Dios, como está revelada en la Biblia. Martín Lutero dijo:

> Los sentimientos vienen y van;
> los sentimientos nos engañan.
> La Palabra de Dios es mi garantía
> la única digna de ser creída.

La próxima vez que la bomba de la culpa sobre algún

pecado perdonado comience su cuenta regresiva, desactívala con esta valiente afirmación: "¡He sido perdonado!". Después, no vuelvas a recordarlo.

Fracasos que desalientan

• *No mires atrás a los fracasos que te desalientan.* Solo aquellos que nunca han intentado cumplir alguna asignación arriesgada desconocen el fracaso. Y es mucho mejor intentarlo y fracasar, que ni siquiera intentarlo.

Después de la muerte de Moisés, Josué se convirtió en el líder de Israel. Al asumir su posición, recibió la promesa de que tendría éxito. Aunque Josué tenía por delante una gran asignación, Dios le dijo que nunca estaría solo: "Mira que te mando que te esfuerces y seas valiente; no temas ni desmayes, porque Jehová tu Dios estará contigo en dondequiera que vayas" (Jos. 1:9).

Al principio las cosas salieron bien. Los israelitas aceptaron a Josué. Él los condujo hasta la Tierra Prometida, y la poderosa Jericó cayó, porque él obedeció el mandato del Señor.

Después llegaron los problemas.

Uno de los israelitas, llamado Acán, cayó en pecado. Esto le quitó poder al ejército de Josué, y fue derrotado por los hombres de Hai. Sin acobardarse por la noticia de la caída de Jericó, guerreros de esta pequeña ciudad persiguieron a los soldados de Josué y mataron a algunos de ellos.

Josué se entristeció. Se rasgó las vestiduras y se postró con su rostro en tierra ante el arca del Señor durante todo el día. Todo lo que hacía era pensar en la reciente derrota. No importaban las aguas desbordantes del Jordán, que se habían abierto para que su pueblo cruzara. No importaban los muros de Jericó, que se habían caído gracias a la poderosa mano de Dios. Todas las victorias se esfumaban ante ese fracaso. Y al concentrarse en su fracaso, comenzó a dudar del llamado de Dios, incluso de que Dios los había introducido en aquella buena tierra. Entonces se quejó y dijo: "…¡Ah, Señor Jehová! ¿Por qué hiciste pasar a este pueblo el Jordán, para entregarnos en las manos de los amorreos, para que nos destruyan? ¡Ojalá nos hubiéramos quedado al otro lado del Jordán!" (Jos. 7:7).

Pero Dios, que no soporta el derrotismo, le dijo: "… Levántate; ¿por qué te postras así sobre tu rostro?" (Jos. 7:10).

Es indudable que había fracasado, pero tenía muchas victorias por delante. Debía poseer la nueva tierra; pero Josué no podría hacerlo mientras siguiera lamentándose por la reciente derrota. Imagínate el efecto negativo sobre el estado de ánimo de los israelitas si Josué seguía lloriqueando, en vez de asumir su correspondiente posición de líder, para que pudieran seguir adelante nuevamente a fin de avanzar y conquistar Hai.

Hace un tiempo, oficié el funeral de un hombre que vivió noventa y pico de años. Él y su esposa habían conservado su casa, así como algunos de sus antiguos hábitos, para preocupación de sus hijos. Ellos seguían cocinando sobre una antigua estufa de leña; de modo que, para facilitarles las cosas, sus hijos les llevaron una cocina eléctrica. Los meses pasaban, sin que usaran la cocina nueva. La pareja de ancianos simplemente prefería cocinar sobre la estufa de leña. Sin embargo, eso quería decir que debían salir a buscar leña todos los días. Por ello, sus hijos preocupados les insistían que usaran la cocina eléctrica, para que su padre no tuviera que salir en el clima invernal a recolectar leña.

—No queremos que te caigas —le decían.

—Si me caigo, me vuelvo a levantar —les respondía él.

Su actitud positiva era la actitud correcta. Y también

bíblica. David escribió: "Por Jehová son ordenados los pasos del hombre, y él aprueba su camino. Cuando el hombre cayere, no quedará postrado, porque Jehová sostiene su mano" (Sal. 37:23-24).

Salomón mencionó: "Porque siete veces cae el justo, y vuelve a levantarse; mas los impíos caerán en el mal" (Pr. 24:16).

Este vigoroso granjero vivió muchos años porque decidió no preocuparse por la posibilidad de caerse y, si acaso se caía, no recordar su caída.

Si has fracasado, admítelo. Pero nunca te veas como un fracasado. No vivas en el pasado, rodeado de los trofeos de las derrotas.

• *No mires atrás a las decisiones que ya no puedes cambiar.* Algunas personas viven en la tierra de "ojalá". Siempre se lamentan y se cuestionan si eligieron el mejor camino en la vida.

Nosotros ya hemos visto que los israelitas siempre caían en esta trampa. Cuando llegaron al límite de la Tierra Prometida, enviaron espías para investigar. De los doce espías, diez volvieron llenos de miedo. Admitían que la tierra era todo lo que Dios había dicho; pero tenían miedo de los habitantes de ese lugar. Se veían a sí mismos como "langostas" en comparación a esos poderosos guerreros.

Dos de los espías, Josué y Caleb, ordenaron que el pueblo avanzara y conquistara la tierra; pero sus voces se vieron apagadas por la queja de la mayoría, y el pueblo se desalentó. En esta tesitura negativa "…se quejaron contra Moisés y contra Aarón todos los hijos de Israel; y les dijo toda la multitud: ¡Ojalá muriéramos en la tierra de Egipto; o en este desierto ojalá muriéramos! ¿Y por qué nos trae Jehová a esta tierra para caer a espada, y que nuestras mujeres y nuestros niños sean por presa? ¿No nos sería mejor volvernos a Egipto?" (Nm. 14:2-3).

Aquí vemos miles de personas que intentaban revertir una decisión irreversible. Cuando eran esclavos en Egipto, anhelaban salir de esa tierra que los agobiaba, mas ahora pensaban que podrían haberse equivocado al irse de allí. Su próxima propuesta fue designar a un capitán que los condujera nuevamente a la tierra de la esclavitud.

Parece absurdo, pero millones siguen sus pasos.

Muchos viven lamentándose, porque creen que se han equivocado de camino. Desearían poder volver atrás y estudiar otra carrera, incursionar en un campo laboral diferente, casarse con una esposa o esposo diferente, mudarse a otro lugar o no mudarse al lugar donde hoy se encuentran. Quisieran repetir la historia para poder hacer algunas correcciones.

Pensar de esta manera es una pérdida de tiempo.

Estamos donde estamos y sería mejor que sacáramos el mejor provecho de ello. Mirar atrás no cambiará nada y solo nos hará desdichados. Además, quién sabe si otras decisiones no hubieran sido más perjudiciales que aquellas que hemos tomado. Quién sabe si, de haber elegido otro camino, nuestras pruebas presentes no hubieran sido peores. Y el camino que ahora desearíamos haber tomado podría habernos conducido a una tragedia.

• *No mires atrás al pasado pensando que fue mejor de lo que fue.* Aunque cuando vivían en Egipto estaban bajo el látigo de capataces crueles, los israelitas se quejaban y decían: "…¡Ciertamente mejor nos iba en Egipto!…" (Nm. 11:18). En ese momento, tenían hambre, y su privación hacía que vieran su pasado mejor de lo que había sido.

La memoria puede ser así; se puede ver afectada por nuestras circunstancias. Cuando las cosas nos van mal y los tiempos son difíciles, podríamos recordar tiempos pasados y ver solo las cosas positivas.

La distancia produce fascinación.

La nostalgia nunca es tan sincera.

Salomón advirtió: "Nunca digas: ¿Cuál es la causa de que los tiempos pasados fueron mejores que estos? Porque nunca de esto preguntarás con sabiduría" (Ec. 7:10).

Algunos piensan que Dios no puede obrar hoy como ayer. Se desesperan por ver que se derrame un gran avivamiento espiritual en nuestros días, pues creen que en el mundo hay demasiada maldad. No esperan grandes respuestas a la oración, porque han relegado todas las maravillas de Dios a la historia. Son positivos respecto al pasado, pero negativos respecto al presente.

Toda esta exaltación del pasado surge de mirar atrás con la visión borrosa. Aquellos que siempre están pensando en un pasado utópico terminan por desencantarse del presente. La realidad simplemente no puede compararse al mundo ideal que han creado.

En realidad, el pasado no fue tan bueno, y el presente probablemente no sea tan malo como parece. El Dr. Vance Havner dijo humorísticamente: "Cada época nunca fue tan buena como eran antes".[2]

Lo importante es que en el presente sigamos adelante con una vida positiva llena de fe en Dios. Esto hará que edifiquemos un gran futuro, que cada vez supere lo bueno del pasado.

• *No mires atrás a antiguos conflictos que te causan amargura contra otros.* Aquí, especialmente, debemos olvidarnos de aquello que queda atrás (Fil. 3:13). La mayoría ha tenido conflictos con otras personas. Caracteres que no compatibilizaron, convicciones totalmente opuestas que no cedieron, o quizás alguien simplemente estaba de mal humor ese día. Se han dicho palabras que hirieron, y al recordarlas, se vuelven a abrir las heridas.

La Biblia habla mucho de estar en paz con todos. Jesús dijo: "Por tanto, si traes tu ofrenda al altar, y allí te acuerdas de que tu hermano tiene algo contra ti, deja allí tu ofrenda delante del altar, y anda, reconcíliate primero con tu hermano, y entonces ven y presenta tu ofrenda" (Mt. 5:23-24).

Pedro dijo que una mala relación con otros impide el crecimiento cristiano: "Desechando, pues, toda malicia, todo engaño, hipocresía, envidias, y todas las detracciones, desead, como niños recién nacidos, la leche espiritual no adulterada, para que por ella crezcáis para salvación" (1 P. 2:1-2).

La armonía entre los creyentes siempre ha sido apreciada. David escribió:

"¡Mirad cuán bueno y cuán delicioso es habitar ios hermanos juntos en armonía! Es como el buen óleo sobre la cabeza, el cual desciende sobre la barba, la barba de Aarón, y baja hasta el borde de sus vestiduras; como el rocío de Hermón, que desciende sobre los montes de Sion; porque allí envía Jehová bendición, y vida eterna" (Sal. 133).

Sin embargo, recordar antiguos desacuerdos puede hacer resurgir antiguas enemistades; incluso aquellas que supuestamente habían desaparecido. Pensar con detenimiento en una resentida confrontación del pasado puede echar a perder un día perfectamente bueno.

¿Cuántas veces te has encontrado pensando en (o incluso hablando de) todos los detalles de una antigua pelea que le habías dicho al Señor que quedaría enterrada?

Con el solo hecho de repasar las diferencias y las cosas que se dijeron, es probable que te suba la presión sanguínea

y se despierten todos los malos sentimientos del antiguo
conflicto.

¿Estás en paz con alguien que anteriormente era tu
enemigo? Esa relación es de Dios. Después de explicar que la
amargura y las disensiones son carnales y diabólicas, Santiago
señaló: "Pero la sabiduría que es de lo alto es primeramente
pura, después pacífica, amable, benigna, llena de misericordia
y de buenos frutos, sin incertidumbre ni hipocresía. Y el fruto
de justicia se siembra en paz para aquellos que hacen la paz"
(Stg. 3:17-18).

• *No mires atrás a victorias que te producen complacencia.*
Algunos que cumplen sus metas cometen el error de no fijarse
nuevas metas, y se contentan con seguir viviendo con lo que
han logrado.

Seguir adelante es positivo.

Conformarse es negativo.

Este es el clamor de Pablo:

> "No que lo haya alcanzado ya, ni que ya sea perfecto;
> sino que prosigo, por ver si logro asir aquello para lo
> cual fui también asido por Cristo Jesús. Hermanos,
> yo mismo no pretendo haberlo ya alcanzado; pero
> una cosa hago: olvidando ciertamente lo que queda
> atrás, y extendiéndome a lo que está delante, prosigo
> a la meta, al premio del supremo llamamiento de
> Dios en Cristo Jesús" (Fil. 3:12-14).

A. W. Tozer comentó:

> Uno de los peores enemigos de los cristianos es la
> complacencia religiosa. La persona conformista no

llegará muy lejos; desde su punto de vista sería necio hacerlo.

La complacencia religiosa se ve casi entre todos los cristianos de estos días, y su presencia es una señal y una profecía. Pues en definitiva, todo cristiano llegará a ser lo que sus deseos hayan hecho de él. Somos la suma de todos nuestros deseos. Todos los grandes santos tenían corazones sedientos.[3]

¿Has tenido algunas grandes victorias? ¿Estás tentado a relajarte y conformarte? No mires atrás. Habrá días mejores más adelante.

¿Estás envejeciendo? No te jubiles del servicio al Señor. Puede que des más frutos para el Salvador ahora que en el pasado.

• *No mires atrás a nada que te robe tu gozo cristiano o te impida servir a Cristo.*

• *No mires atrás a nada que fomente en ti una actitud negativa.* Sigue alzando tus ojos… a Jesús. Él te ayudará a ser positivo cuando otras fuerzas intenten abatirte.

9

EL SECRETO DEL CONTENTAMIENTO

Cuando le preguntaron al capitán Eddie Rickenbacker qué había aprendido durante los veintiún días a la deriva en una balsa salvavidas cuando estuvo perdido junto con sus compañeros en el océano Pacífico, respondió: "La lección más grande que aprendí con esa experiencia es que si tenemos toda el agua fresca que queremos y todos los alimentos que queremos, no deberíamos quejarnos de nada".[1]

Aun así, muchas personas con abundancia de agua y alimentos, excelentes casas e incluso extraordinarias cuentas bancarias se quejan y nunca parecen estar satisfechas. Insólitamente, muchos de estos individuos negativos son cristianos que tienen el Espíritu Santo en su corazón, las promesas de la Biblia para descansar en su fe, la esperanza segura del cielo y la promesa de la venida del Señor para recompensar a sus hijos.

Aunque Pablo nunca se contentó con sus logros espirituales, había aprendido el secreto del contentamiento en la vida diaria. Y pensando que sería provechoso para Timoteo, su hijo en la fe, le escribió: "Pero gran ganancia es la piedad acompañada de contentamiento; porque nada hemos traído a este mundo, y sin duda nada podremos sacar. Así que, teniendo sustento y abrigo, estemos contentos con esto" (1 Ti. 6:6-8).

El contentamiento surge de la gratitud

El contentamiento viene de ser agradecidos por lo que tenemos, en vez de desear lo que no tenemos. El Rev. Martin Blok, de Tucson, Arizona, cuenta que hace varios años viajaba por el norte de Michigan y subió en su automóvil a un hombre de cabello blanco que caminaba a lo largo de la carretera. Los dos viajeros apenas habían hablado cuando descubrieron que ambos eran predicadores. En esos días, el pastor de aquella zona norte del país estaba celebrando reuniones de evangelización en una escuela rural, donde había estado predicando durante tres semanas. La remuneración que había recibido por su labor hasta ese momento era dos dólares, pero estaba satisfecho. La noche anterior, lo único que había tenido para cenar con su familia fue pan y leche. Al principio, sus hijos se quejaron, pero él les recordó que debían ser agradecidos: "Dios sólo nos ha prometido pan y agua, y nosotros tenemos pan y leche", les dijo.

El pastor que conducía el automóvil ese día nunca ha olvidado la lección de contentamiento dada por un anciano evangelista que tenía muy poco, pero estaba muy agradecido.

Por el contrario, en esta tierra nunca ha habido una generación de cristianos que tenga tanto y agradezca tan poco como los estadounidenses de hoy día. Los ángeles que nos observan deben extrañarse de nuestra ligereza para quejarnos, en vista de las privaciones y persecuciones de creyentes de siglos pasados o de territorios comunistas. Lo que más me preocupa de esta comparación es pensar que la mayoría de los cristianos de hoy podría sucumbir ante una persecución. Si somos tan susceptibles en la abundancia, ¿cómo seríamos en la opresión?

Pablo dijo que había aprendido a contentarse en todo tiempo y en toda circunstancia.

¿Cómo podía hacer eso?

Por el poder de Jesucristo. Este es el contexto del conocido versículo que dice: "Todo lo puedo en Cristo que me fortalece" (Fil. 4:13). Aunque generalmente relacionamos este victorioso pasaje con el logro de alguna tarea difícil, en realidad se refiere a estar contentos en toda situación. Los dos versículos previos lo manifiestan claramente: "No lo digo porque tenga escasez, pues he aprendido a contentarme, cualquiera que sea mi situación. Sé vivir humildemente, y sé tener abundancia; en todo y por todo estoy enseñado, así para estar saciado como para tener hambre, así para tener abundancia como para padecer necesidad" (Fil. 4:11-12). Si nos rendimos completamente a Cristo, podremos contentarnos cuando otros se quejan.

La declaración de contentamiento de Pablo no era una vanagloria hueca. Él vivía una vida de contentamiento en las circunstancias más difíciles. Cuando él y Silas estaban en la cárcel con sus pies atados en cepos, tras ser azotados, oraban y cantaban alabanzas. No es ninguna sorpresa que oraran (la mayoría de nosotros ora cuando está en problemas); pero el sonido de cánticos de alabanza no se escuchaba habitualmente a la medianoche en la prisión de Filipos. Aquellos himnos conmovieron tanto a los otros prisioneros que, cuando Dios respondió las oraciones de Pablo y Silas con un terremoto que estremeció las puertas de la cárcel, todos se quedaron para escuchar lo que estos dos siervos de Dios tenían para decirles.

Las condiciones no eran para nada ideales en aquella prisión. El futuro era incierto, y el presente era doloroso. Con sus espaladas magulladas y sangrantes debido al reciente azote y sus pies inmovilizados en cepos, cabe preguntarnos ¡cómo podían estar contentos y jubilosos! Sin duda, la respuesta es que conocían el secreto del contentamiento. Se fijaban en aquello que tenían, no en aquello de lo que carecían. Estaban vivos y eran creyentes en Cristo. Sus pecados habían sido perdonados, y si aquella había de ser su última noche, mañana sería mejor, pues estarían en el cielo. No estaban solos, pues el Señor estaba con ellos. La noche era oscura, pero Cristo era la luz que los alumbraba. Al evaluar sus posesiones, vieron que era suficiente para regocijarse y cantar alabanzas a Dios (Hch. 16:25).

Puede que tú también te encuentres en una situación angustiosa. Estás cansado de los problemas y abatido por lo que te ha sucedido últimamente. Tu dolor emocional es tan real como cualquier dolor físico que alguna vez hayas sentido. ¿Cómo puedes estar contento en esta situación?

No es fácil.

A veces las cosas están tan mal, que lo único que podemos hacer es orar y esperar un terremoto. Pero mientras estamos esperando que la tierra tiemble y las puertas de nuestra prisión se abran, podemos dar gracias por las bendiciones de Dios en nuestra vida. Al hacer esto, el contentamiento comenzará a tomar el control de nuestras emociones.

Contentamiento o codicia

El contentamiento es lo opuesto a la codicia.

El contentamiento es positivo.

La codicia es negativa, pecaminosa.

La comunión con Dios puede producir tal contentamiento, que se puede vencer la codicia o avaricia. El escritor de Hebreos dice: "Sean vuestras costumbres sin avaricia, contentos con lo que tenéis ahora; porque él dijo: No te desampararé, ni te dejaré" (He. 13:5).

Cuando codiciamos nos fijamos en lo que deseamos, no en lo que tenemos.

Cuando los israelitas estaban conquistando la tierra de Canaán, se repartieron distintos territorios entre las tribus, para que poseyeran como heredad. Cuando la tribu de José recibió su heredad, hubo descontento entre el pueblo. Pensaban que su parte era demasiado pequeña y comenzaron a quejarse ante Josué por su agravio. Sin embargo, después de investigar, Josué descubrió que el territorio que se les había dado era suficiente; pero ellos no estaban dispuestos a tomarlo y poseerlo (Jos. 17:14-18).

En un comentario sobre este pasaje, Alan Redpath escribió:

> El pueblo de José no estaba contento con su heredad; pensaba que no tenía mucha posibilidad de ejercer sus dones; quería un campo de servicio más grande. Sin embargo, el problema principal era que en el campo de acción que Dios le había dado, el enemigo aún estaba profundamente arraigado.
>
> Su queja podría ser la misma: no tener suficientes posibilidades de poner en práctica sus propias habilidades. ¿Está siempre descontento con la parte que le toca? ¿Desea a menudo mayores oportunidades de servir al Señor? ¿Desea ardientemente ir a algún campo misionero? Puede que el reflector de la Palabra de Dios le muestre que el enemigo sigue profundamente arraigado en su alma. Que el Espíritu de Dios le muestre que, tal vez, no haya tomado verdadera posesión de la parte que Dios le ha dado.[2]

Mientras el pueblo de José codiciaba un territorio más grande, no tenía en cuenta el territorio que se le había dado en heredad. Se estaban fijando en lo que deseaban, no en lo que poseían; por eso estaban descontentos. Estaban codiciando, no solicitando; por eso no estaban satisfechos con lo que Dios les había dado.

Las personas que no cultivan el contentamiento se vuelven codiciosas. Cuando no son agradecidas con lo que tienen, anhelan lo que no deberían tener.

El malvado rey Acab tenía muchas viñas, pero comenzó a codiciar la que le pertenecía a Nabot y quiso comprársela. Nabot se negó a venderle su viña, y el rey se puso furioso. No contento con lo mucho que poseía, comenzó a protestar por no poder tener la viña de Nabot (1 R. 21:1-4).

Jezabel, la esposa del rey Acab, vio que estaba deprimido y, tras averiguar la razón de su estado de ánimo negativo, tramó un complot para destruir a Nabot, a fin de que el rey pudiera tener su viña. El plan de la malvada reina se llevó a cabo. Nabot fue acusado injustamente de blasfemar contra Dios y lo apedrearon hasta morir. Después de su muerte, Acab tomó posesión de la viña que había codiciado. La muerte de un hombre bueno fue el precio de la falta de contentamiento del rey y su codicia pecaminosa subsiguiente.

La codicia es la raíz de la mayoría de las transgresiones. Con razón la Biblia habla con tanta vehemencia contra ella. Jesús dijo: "...Mirad, y guardaos de toda avaricia; porque la vida del hombre no consiste en la abundancia de los bienes que posee" (Lc. 12:15). Pablo clasificó la codicia, o avaricia, entre los pecados más graves y advirtió: "Pero fornicación y toda inmundicia, o avaricia, ni aun se nombre entre vosotros, como conviene a santos" (Ef. 5:3). En su epístola a los colosenses, él dice que la avaricia es idolatría: "Haced morir, pues, lo terrenal en vosotros: fornicación, impureza, pasiones desordenadas, malos deseos y avaricia, que es idolatría" (Col. 3:5).

Fíjate que la codicia generalmente se clasifica como pecado sexual. Por supuesto, este era su contexto en los diez mandamientos: "No codiciarás la casa de tu prójimo, no codiciarás la mujer de tu prójimo, ni su siervo, ni su criada, ni su buey, ni su asno, ni cosa alguna de tu prójimo" (Éx. 20:17).

Algunas cosas nunca cambian.

La falta de contentamiento del rey David en su residencia lo llevó a codiciar a la mujer de Urías, mientras este buen hombre estaba en la guerra. Pronto, el rey y Betsabé cometieron adulterio, y el infame complot para deshacerse de Urías y tomar a su mujer trajo vergüenza al obstinado rey (2 S. 11).

La misma escena se repite año tras año y siglo tras siglo. Esposos o esposas dejan de valorarse uno al otro y caen en el descontento. Dejan de ser agradecidos por lo que tienen y comienzan a desear frenéticamente lo que no tienen. Las actitudes negativas toman el control de sus pensamientos. Están a un paso de la lujuria y de un matrimonio destruido.

El contentamiento definitivamente es una fuerza poderosa, y la falta de este puede ser peligrosa. Cada ámbito de la vida se ve afectado por nuestro contentamiento o nuestra codicia.

Por lo tanto, vamos a prestarle atención a las cosas esenciales.

Desde el punto de vista bíblico, el contentamiento podría relacionarse con las necesidades imprescindibles de la vida y las circunstancias más difíciles.

Contentos con sustento y abrigo

Pablo le dijo a Timoteo que aprendiera a contentarse con tener para comer y abrigarse: "Así que, teniendo sustento y abrigo, estemos contentos con esto" (1 Ti. 6:8).

Nací al comienzo de la gran depresión de los años treinta. Aquellos fueron tiempos difíciles para la nación. Millones estaban sin trabajo. Cabezas de familia se desesperaban en sus esfuerzos por poner el alimento sobre la mesa. Las ollas populares eran comunes y corrientes. Sin embargo, yo no estaba al tanto de todas esas dificultades.

Mis padres vivían en una granja donde se producía gran parte de nuestro sustento; y aunque el dinero escaseaba, nunca pasamos hambre ni faltó qué ponernos. Mis recuerdos de esa década desesperante son buenos. Aunque me crié durante tiempos difíciles, disfruté de una niñez feliz. Siempre había alimentos sobre la mesa, diversión en la familia y peces en el lago. ¿Qué más podía esperar un niño?

El mundo estaba en problemas; pero yo no tenía la edad suficiente para ser consciente o preocuparme por ello. Tenía los ingredientes básicos para el contentamiento, pues no me faltaban alimentos, protección, ropa y amor. Y desconocía totalmente los problemas económicos que enfrentaban mis padres y otros en aquella época difícil.

La vida era menos complicada allí en la granja, y en aquel entonces se dependía menos de las grandes empresas de servicios o del gobierno. No teníamos electricidad, de modo que no nos afectaban los cortes de luz. Sacábamos agua de un pozo, por lo tanto las tormentas nunca afectaban nuestro suministro de agua. Incluso, la lavadora de mi madre, que debía girarse a mano para lavar la ropa y con la cual quemábamos calorías, siempre funcionaba sin importar si teníamos electricidad o no.

En ese entonces era feliz, porque tenía las cosas esenciales. Es cierto, solo era un niño, y la madurez trae responsabilidades y exigencias; pero me pregunto si nuestro complejo estilo de vida está supliendo lo que necesitamos. Esta no es una llamada para que todos volvamos a una vida rural; pero sería tiempo de pensar en el elemento fundamental del verdadero contentamiento.

El sustento y el abrigo son tan vitales para la subsistencia en el presente como lo eran en los tiempos bíblicos. Pero ¿somos tan agradecidos por estas cosas hoy día como lo eran las personas de entonces? Una comida proporciona las mismas calorías esenciales, tanto si las cocinamos en un horno microondas como en un fuego a leña en una cabaña de la época colonial. Aunque prescindamos de las cosas superfluas de la vida del siglo XXI, seguiremos necesitando las cosas esenciales para vivir. Deberíamos estar tan agradecidos y contentos al terminar una comida en estos tiempos de abundancia, como lo estaban nuestros precursores hace mucho años. En realidad, nuestra fuente de provisión es mucho más frágil que la de ellos. Son miles los que se van a dormir con hambre cada noche. Siempre y cuando tengamos suficiente para comer y un techo para guarecernos del frío, nuestra copa estará rebosando. ¡Qué lástima que no lo reconozcamos! Si lo hiciéramos, estaríamos contentos.

Contentos con lo que tenemos

El escritor del libro de Hebreos exhorta a sus lectores a estar contentos "…con lo que tenéis ahora…" (He. 13:5). De hecho, se trata de un llamado a ser libres del amor al dinero y de afanarse por él.

La búsqueda frenética de las riquezas convierte a muchos en personas negativas. Tratar de igualar las posesiones de amigos y vecinos ha llevado a muchos matrimonios al borde del desastre. Es tan propio de la naturaleza humana competir, que pocos tienen el coraje o la madurez de declararse fuera de toda competencia.

Mientras solo podamos saciar nuestra necesidad de sentirnos

satisfechos cuando tenemos lo mismo que tienen los demás, es probable que muchos de nuestros días sean negativos. Puede que los cristianos se decepcionen cuando ven que los incrédulos prosperan más que los hijos de Dios. David se cuestionó lo mismo una vez y nos dejó la respuesta en el Salmo 37: "No te impacientes a causa de los malignos, ni tengas envidia de los que hacen iniquidad. Porque como hierba serán pronto cortados, y como la hierba verde se secarán. Confía en Jehová, y haz el bien; y habitarás en la tierra, y te apacentarás de la verdad" (Sal. 37:1-3).

No es extraño que los incrédulos se resientan cuando no pueden tener lo mismo que los demás; pero en el caso de los cristianos es por completo inconsecuente con su fe. Es totalmente inadmisible que aquellos que afirman amar y servir a Aquel que nació en un establo, sin un lugar donde recostar su cabeza durante su ministerio, tengan una reacción negativa cuando no pueden tener las mismas posesiones que los demás.

En muchas naciones, las familias pueden trasladar todas sus posesiones sobre sus espaldas. Aquí en los Estados Unidos, la mayoría de nosotros necesita un camión de mudanza. Muebles y electrodomésticos impresionantes adornan nuestros hogares, y aún así no estamos contentos. "Contentos con lo que tenéis ahora" sería un buen recordatorio para colocar en las paredes de nuestro hogar. Estar agradecidos por todo lo que Dios nos ha dado sería un gran paso hacia el contentamiento para la mayoría de nosotros.

Contentos en toda circunstancia

Pablo dijo que había aprendido a contentarse en cualquier circunstancia (Fil. 4:11-13). Esta es una lección difícil de aprender. A pocos les cuesta estar medianamente contentos

cuando todo les va bien; pero en este mundo negativo, podemos
encontrar muchas razones para desalentarnos. Ya hemos visto
cómo Pablo mostró contentamiento cuando estuvo sometido
a presión en la cárcel de Filipos; pero pasó por muchas otras
vicisitudes que pusieron a prueba su declaración de estar
contento en todo. Estas son algunas de ellas:

> "De los judíos cinco veces he recibido cuarenta azotes
> menos uno. Tres veces he sido azotado con varas; una
> vez apedreado; tres veces he padecido naufragio;
> una noche y un día he estado como náufrago en alta
> mar; en caminos muchas veces; en peligros de ríos,
> peligros de ladrones, peligros de los de mi nación,
> peligros de los gentiles, peligros en la ciudad, peligros
> en el desierto, peligros en el mar, peligros entre falsos
> hermanos; en trabajo y fatiga, en muchos desvelos,
> en hambre y sed, en muchos ayunos, en frío y en
> desnudez; y además de otras cosas, lo que sobre mí
> se agolpa cada día, la preocupación por todas las
> iglesias" (2 Co. 11:24-28).

¿Podemos estar seguros de que Pablo experimentó una
profunda paz y aprendió a contentarse en todas estas pruebas?
Dejemos que él nos lo explique: "No lo digo porque tenga
escasez, pues he aprendido a contentarme, cualquiera que sea
mi situación" (Fil. 4:11).

Pablo tenía paz frente al sufrimiento y la muerte debido
a la absoluta confianza en Dios y en que todas las cosas le
ayudarían para bien: "Y sabemos que a los que aman a Dios,
todas las cosas les ayudan a bien, esto es, a los que conforme a
su propósito son llamados" (Ro. 8:28).

Entonces, aunque vinieran las tormentas, se cerrara la puerta de su prisión, le dieran azotes en la espalda y se hicieran falsas acusaciones contra él, a Pablo no le importaba.

Él estaba convencido de que nada podría separarlo del amor de Dios (Ro. 8:35-39). Esto hizo que pudiera usar el secreto del contentamiento en toda circunstancia. Estaba tan agradecido por lo que tenía en Cristo, que sus problemas terrenales parecían insignificantes. Como resultado, era un hombre contento.

La perseverancia en el contentamiento está al alcance de cada hijo de Dios. Con Cristo lo tenemos todo, y nada de lo que nos falte en esta tierra puede compararse a nuestra posesión más preciada. Recordar esto y ser agradecido porque Dios nos provee las cosas esenciales de la vida puede darnos el contentamiento que necesitamos cada día.

10

LA SALUD Y LA FELICIDAD

Punzadas agudas en el lado izquierdo de mi pecho dificultaban mi respiración. Al principio, no me preocupé demasiado; porque había estado sufriendo ataques periódicos a lo largo de gran parte de mi vida, especialmente durante tiempos de estrés o de esfuerzo excesivo. Y ese día había sido particularmente estresante.

Además de atender mis funciones como pastor de una gran iglesia suburbana, había conducido sesenta y cinco kilómetros hasta el aeropuerto metropolitano para llevar a un amigo que tenía que salir en un vuelo hacia Nueva York. Le había ayudado con el pesado equipaje y después había atravesado la bulliciosa ciudad de Detroit durante la hora y pico de tráfico, para regresar y atender otras responsabilidades.

Mi malestar había comenzado alrededor de las once de la noche, cuando se estaba por acabar ese día. El patrón era conocido: dolores palpitantes en el pecho que me impedían respirar hondo. En otras ocasiones, se aliviaban en cinco a quince minutos, pero aquella noche era diferente. Los dolores persistían, y después de un tiempo comencé a tener náuseas. Decidí que era mejor ir al hospital.

Tras llegar a la sala de emergencias, me hicieron varios exámenes: radiografías, electrocardiogramas, etc. Finalmente, el médico que me examinaba me explicó que no había ninguna anomalía en mi corazón y que el dolor se debía a espasmos musculares. Él me dijo que seguramente había estado trabajando demasiado y me aseguró que todo lo que necesitaba era la inyección de un relajante muscular.

Por cierto, la inyección fue relajante. Durante los días siguientes, dormí la mayor parte del tiempo, no tuve más dolor y al poco tiempo volví a sentirme bien.

Pero no estaba bien.

No se había tratado la causa de mi problema, sino solo los síntomas. Y a medida que pasaban los meses, comenzaron a aparecer otros síntomas. Muchos de estos estaban relacionados con el nerviosismo, y eso me inquietaba. Mantener la calma se transformó en una lucha. Estaba perdiendo la compostura. Problemas pequeños parecían insuperables. Enojos, que normalmente hubiera resuelto y olvidado con facilidad, me perseguían día a día. En ocasiones me ardían los ojos de tanto llorar, y tenía un nudo en la garganta que no se me iba.

Aunque me consideraba una persona optimista, en ese tiempo una nube de depresión se había cernido sobre mí. Comencé a hablarles bruscamente a miembros de mi familia. Me sentía invadido y acompañado constantemente por temores. Ya no toleraba conducir en el tráfico pesado, y los lugares repletos de personas me causaban pánico.

Gracias a Dios, mi médico hizo el diagnóstico correcto de mi trastorno como hipoglucemia (bajo nivel de azúcar en la sangre) y me aconsejó que cambiara mis hábitos alimentarios. La hipoglucemia es causada por demasiada producción de insulina, la cual se activa con la ingesta de azúcar.

Hasta ese momento, mi vida giraba alrededor del azúcar. Mi costumbre era comenzar cada mañana con café, cereales y tostada. Endulzaba el café y los cereales a mi gusto, y untaba la tostada con abundante mermelada. A media mañana, tomaba un café con un panecillo. Cuando podía, terminaba el almuerzo con galletitas dulces o bizcochos dulces. Luego, durante la tarde, saciaba mis antojos de algo dulce y después coronaba la cena con una porción de mi pastel favorito. ¡En realidad me gustan casi todos los pasteles! Por último, el refrigerio de la noche generalmente era helado o algún otro postre.

El diagnóstico de bajo nivel de azúcar en la sangre demandaba ponerle fin a mi desenfreno con el azúcar. Tuve que dejar de comer postres. Pero este era un pequeño precio que pagar para poder sentirme mejor. Los espasmos musculares que me habían afectado durante años se terminaron, y recuperé la calma. La depresión desapareció, y el temor se alejó. Además de estos beneficios, me convencí totalmente de la importancia de comer bien. Ahora veía la falacia de pensar que todos los problemas emocionales tenían un origen espiritual o eran causados por una enfermedad mental. Las enfermedades físicas pueden producir cambios indeseables en nuestro estado de ánimo. La depresión y el negativismo pueden tener su raíz en el desequilibrio químico u otros problemas físicos.

El estilo de vida afecta a la actitud

Aunque el problema no se deba a un bajo nivel de azúcar en la sangre, la mayoría de las personas podría sentirse mejor y tener una disposición más positiva con una mejor alimentación y con descanso y ejercicio adecuados. Antes de comenzar con mis trastornos físicos, acostumbraba a trabajar casi el equivalente a dos turnos laborales por día. Muchas veces tomaba café tarde a la noche y en las primeras horas de la mañana, a fin de poder estar despierto y alerta para estudiar y preparar los sermones. Ahora me doy cuenta de que consumía una excesiva cantidad de cafeína y azúcar más allá de los límites racionales.

Finalmente, esto afectó a mi salud emocional así como mi salud física. Tenía que ponerle fin.

Mi ataque de ansiedad y depresión, provocado por mi bajo nivel de azúcar en la sangre, me ha ayudado a comprender mejor a aquellos que vienen a verme en busca de consejería espiritual. He aprendido a hacer preguntas básicas acerca del estilo de vida de la persona y a exhortarle a consultar a un médico especialista para que determine si su estado de ánimo negativo podría ser causa de un problema físico. También he aprendido a hacer preguntas de la vida diaria que corresponden al sentido común y que, en otro tiempo, hubiera dado por sentadas.

Comer bien

La mujer que estaba frente a mí tenía un hogar cristiano ejemplar. Asistía a una iglesia reconocida por su enseñanza bíblica y, en aquel entonces, estaba recibiendo consejería de un psicólogo cristiano profesional. Se emocionaba bastante mientras me contaba sus problemas. Estaba llena de miedos y no dejaba de llorar. Pensaba que iba a fracasar en un nuevo proyecto que acababa de emprender.

Francamente, me preguntaba qué podía decirle a esa mujer que no le hubiera dicho su consejero, su pastor o los miembros de su familia cristiana. Entonces, le pregunté qué había comido el día anterior a nuestra sesión. Cuando terminó la descripción de su alimentación de casi todo un día a base de café, barritas de cereal y chocolate, pensé que conocía la causa de su problema. Después de aconsejarle que consultara a un médico para que le asegurara que no estuviera padeciendo algún problema físico, le sugerí que comenzara una dieta de alimentación equilibrada. A la cita siguiente, se veía mucho mejor y, al poco tiempo, volvió a disfrutar de la vida.

David escribió: "Te alabaré; porque formidables, maravillosas son tus obras; estoy maravillado, y mi alma lo sabe muy bien" (Sal. 139:14). La complejidad del cuerpo humano es asombrosa. Aunque a lo largo de los siglos, el hombre ha estudiado acerca del cuerpo humano, y en nuestra época, se lo somete a exámenes y tomografías con los equipos médicos más novedosos, seguimos sin saber algunos de sus secretos. Los investigadores gastan millones de dólares al año para tratar de resolver algunos de sus misterios. Sin embargo, algo que se intuía en el pasado ha quedado claro en los últimos tiempos: el aspecto mental, emocional, espiritual y físico del hombre están tan estrechamente relacionados que cada uno puede influir en el otro.

La felicidad influye en la salud

Salomón recalcó esto hace tiempo cuando escribió: "El corazón alegre constituye buen remedio; mas el espíritu triste seca los huesos" (Pr. 17:22). Finalmente, estamos descubriendo que el sabio escritor de Proverbios estaba en lo cierto.

En su libro *Estar saludable no es suficiente*, Bruce Larson dice: "Los médicos me han estado diciendo durante años que 'no se puede matar a un hombre feliz'. Cuando les pedí una explicación, me dieron a entender que a menudo la infelicidad precede a una enfermedad. Las personas felices raras veces se enferman. La persona infeliz es el blanco de cualquiera y cada una de las enfermedades".[1]

Si esto es verdad, la Biblia debería ser el libro de medicina más valioso de la tierra. Su propósito no es solo prepararnos para el cielo, sino darnos paz mental y gozo en esta vida. En este mundo negativo, la Palabra de Dios es la fuente de verdad positiva que produce vida victoriosa. Jesús dijo: "Estas cosas os he hablado para que en mí tengáis paz. En el mundo tendréis aflicción; pero confiad, yo he vencido al mundo" (Jn. 16:33).

Los milagros de los primeros libros de la Biblia inspiran gran fe. Los Salmos enfatizan la importancia de regocijarse. Los profetas se atreven a proclamar la grandeza de Dios y explicar la redención. Los Evangelios anuncian la llegada del Salvador y describen escenas de sanidad y salvación. Las Epístolas hablan de la llenura del Espíritu Santo que se manifiesta con amor, gozo, paz, paciencia, benignidad, bondad, fe, mansedumbre, templanza. El libro de Apocalipsis muestra la revelación del reino, el Rey, los cielos nuevos y la tierra nueva. Poner en práctica las verdades de la Biblia en la vida cotidiana aporta una dimensión dinámica a cada día, que no puede conseguirse de ninguna otra manera.

Una vez le pregunté a una mujer si solía leer la Biblia. "Sí —me contestó—. Leo el Salmo 91 todos los días". Era una mujer que había vivido muchos años, y pensé que si ese Salmo le había hecho tanto bien, valía la pena que me pusiera a analizarlo. Más tarde, descubrí las razones de su devoción por este valioso pasaje de la Biblia. Después de dar varias promesas de bendición y protección, termina con estas palabras: "Lo saciaré de larga vida, y le mostraré mi salvación" (Sal. 91:16).

A Dios le interesa nuestro cuerpo

En mi libro *Weight! A Better Way To Lose* [La mejor manera de perder peso], muestro que a Dios le interesa nuestro cuerpo. Medita en el siguiente extracto:

Dios se interesa por su vida. Él lo ama integralmente: cuerpo, alma y espíritu (véase 1 Ts. 5:23). No es como los hipócritas que dicen amar el alma del hombre, pero no pueden soportar el resto de él. Es verdad que sus necesidades espirituales tienen prioridad. Busque primero el reino de Dios y su justicia (Mt. 6:33); pero no se quede solo con la mitad de la verdad.

Piense en la creación.

Todo en el universo, excepto el cuerpo humano, fue creado simplemente con la palabra. "Luego dijo Dios: Produzca la tierra seres vivientes según su género, bestias y serpientes y animales de la tierra según su especie. Y fue así" (Gn. 1:24).

No fue así con el cuerpo del hombre. "Entonces dijo Dios: Hagamos al hombre a nuestra imagen, conforme a nuestra semejanza; y señoree en los peces del mar, en las aves de los cielos, en las bestias, en toda la tierra, y en todo animal que se arrastra sobre la tierra" (Gn. 1:26). "Entonces Jehová Dios formó al hombre del polvo de la tierra, y sopló en su nariz aliento de vida, y fue el hombre un ser viviente" (Gn. 2:7).

Cuando Cristo vino a esta tierra, el cuerpo humano fue su vehículo de redención. Él fue hecho semejante a los hombres (Fil. 2:7). Jesús se refirió a su cuerpo como su templo y dijo que la resurrección de su cuerpo sería prueba de su deidad (Jn. 2:18-22).

La resurrección venidera revela un interés divino por nuestro cuerpo. Cristo resucitó corporalmente, así como nosotros resucitaremos cuando Él venga. Cuando ese día llegue, nuestro cuerpo será perfeccionado sin la ayuda de dieta ni médicos.

Más alentador para los cristianos debería ser que su cuerpo es templo de Dios. De hecho, la Biblia enseña que el Espíritu Santo vive en el interior de cada creyente. "¿O ignoráis que vuestro cuerpo es templo del Espíritu Santo, el cual está en vosotros, el cual tenéis de Dios, y que no sois vuestros? Porque habéis sido comprados por precio; glorificad, pues, a Dios en vuestro cuerpo y en vuestro espíritu, los cuales son de Dios" (1 Co. 6:19-20).[2]

Dado que a Dios le interesa tanto nuestro cuerpo, a nosotros también debería interesarnos. Deberíamos tener cuidado de mantenerlo en forma, evitar la obesidad y la mala nutrición, y de algún modo cumplir con buenos hábitos de salud. Esto puede tener un efecto emocional positivo y contribuir a una vida mejor.

La importancia del ejercicio

Además de comer una buena variedad de alimentos para tener una dieta bien equilibrada y asegurarnos de descansar adecuadamente, debemos hacer bastante ejercicio. Esto podría ser lo que más se descuida en la actualidad en el esfuerzo por mantener una buena salud.

En su libro *El nuevo aerobics*, el Dr. Kenneth Cooper dice que los estadounidenses son las personas más inactivas del mundo. Nos hemos vuelto débiles, porque tenemos muchos artefactos que hacen el trabajo por nosotros. Nuestro estilo de vida fomenta todo lo que requiera poco esfuerzo. Esto a menudo conduce a la obesidad y a una autoestima negativa.

Algunos cristianos citan la Biblia como una excusa para no hacer un programa de ejercicios. Su versículo favorito es 1 Timoteo 4:8: "porque el ejercicio corporal para poco es provechoso, pero la piedad para todo aprovecha, pues tiene promesa de esta vida presente, y de la venidera".

En una primera lectura, podríamos pensar que Pablo está menospreciando el ejercicio físico. Sin embargo, una lectura más detenida del versículo revela que simplemente estaba comparando la importancia del ejercicio físico con el espiritual. Naturalmente, el beneficio espiritual es más importante que el físico, aunque en algunos casos están muy relacionados.

Por eso la Biblia enseña que el ejercicio físico es importante. No es para compararlo con cosas tales como la oración y el estudio de la Palabra; pero tiene su importancia, especialmente para mantener una buena salud.

Mi esposa, como ya he mencionado, tiene artritis reumatoide, una enfermedad potencialmente paralizante. Creemos que su programa de ejercicio regular ha sido un factor determinante para evitar la inflamación de sus articulaciones y poder mantener un buen movimiento de su cuerpo.

Una vez, en nuestras vacaciones en las colinas Black Hills de Dakota del Sur, decidimos hacer una excursión. Parte del terreno era bastante encrespado, y a ella le costaba subir algunas de las colinas sin mi ayuda y la ayuda de nuestros hijos. Eso fue determinante: decidió ponerse en forma tal, que nunca volviera a necesitar ayuda para subir las colinas. Cuando llegamos a casa, comenzó un programa regular de ejercicios de entrenamiento, y aún lo sigue practicando. Desde entonces, muchas veces me he visto en apuros para mantenerme a su ritmo en las prácticas de esquí. Su programa de ejercicios dio resultado.

Durante mis años como pastor, regularmente corría despacio desde el estacionamiento hasta mi puesto de trabajo. Esto no solo me ayudó a mantenerme en forma, sino también a incrementar mi eficiencia y a hacer un mejor uso del tiempo. Ver a un hombre correr a través del parque de estacionamiento con una Biblia en la mano pudo haber sobresaltado a unos cuantos. Pero si acaso alguno pensó que se trataba de alguien que se estaba muriendo, se equivocó. Se trataba de alguien que estaba viviendo.

Los beneficios de caminar

Por supuesto, nadie debería comenzar un vigoroso programa de ejercicios sin consultar primero a un médico para estar seguro de que puede hacerlo. Pero hay muchos tipos de ejercicios que no son para nada exigentes y aun así son buenos para la salud. Caminar podría ser el más valioso de estos, y además constituye un relajante natural. Incluso muchas veces puede alejar las actitudes negativas.

Hace poco me sorprendí al descubrir cuán renovado me sentía en la tarde, después de haber dado una caminata antes de la hora del almuerzo. Había estado peleando contra una sensación de decaimiento alrededor de las dos y estaba teniendo problemas para concentrarme a esa hora del día. Me costaba mucho mantenerme despierto.

Caminar resolvió el problema. Un kilómetro y medio de caminata cada día me despejaba la mente durante toda la tarde, y me permitía hacer muchas más cosas que si me hubiera quedado trabajando en mi escritorio.

Por lo general, otro beneficio del aumento de actividad es la pérdida de peso. El sentido común nos dice que quemar calorías por medio del ejercicio es una buena manera de controlar el peso. Y cuando las personas mantienen su peso ideal, se sienten mejores con ellas mismas. Este sentimiento positivo se transfiere a otros ámbitos de la vida, y hace que la vida sea más agradable.

En nuestra casa, tenemos un jardín grande con césped que

generalmente cortamos con un cortacésped mecánico. Dado el tamaño, muchas veces nos han insistido que compráramos un tractor cortacésped, pero ni siquiera lo hemos pensado. A veces dividimos la tarea para que ambos nos beneficiemos del ejercicio, pero en otras ocasiones, yo corto todo el césped. No puedo expresar cuánto he meditado y cuántas oraciones he hecho al empujar esa máquina de cortar césped; y sé que esa actividad siempre ha sido una experiencia positiva para mí.

En mi libro *Weight! A Better Way to Lose* [La mejor manera de perder peso], ofrezco más información sobre el control del peso y los beneficios de una vida activa.

Vive hasta el final de tus días

Cambiar tu actitud en cuanto a la actividad podría motivarte aun a recapacitar en tus años como jubilado. En *Estar saludable no es suficiente*, Bruce Larson señala que los sociólogos han estudiado y descubierto que las personas de las tres sociedades, que normalmente viven hasta los cien y frecuentemente a ciento veinte años, no reciben ningún tratamiento especial para ancianos. Él escribe:

> No hay casas de retiro donde las personas puedan pasar su vejez entretenidos con juegos de mesa. Los científicos que han estudiado estas tres sociedades han descubierto que no tienen nada en común con respecto al clima, la dieta, la geografía o el estilo de vida. Pero en los tres lugares, se espera que los habitantes vivan una vida normal sin recibir ningún tipo de trato especial. Ellos siguen trabajando, ocupándose del campo y los almacenes, y haciendo

el amor hasta que de repente se mueren a los cien años o más.[3]

Algunos cristianos usan los beneficios del retiro para sostenerse económicamente en un campo misionero; pero muchos más podrían dedicarse con toda consagración a alcanzar a su propia comunidad para Cristo. Estas personas han llegado a la sabia conclusión de que el plan de Dios para sus vidas no es que simplemente se relajen y esperen la llamada celestial. Muchos de ellos han llegado a tal grado de hastío e infelicidad, que han decidido ocuparse en los negocios de su Padre, pues creen que esto contribuirá tanto a su salud como a su felicidad.

Hace poco estuve ministrando algunos días en una iglesia situada en una bella zona de lagos del norte de Michigan, donde más de la mitad de los miembros eran jubilados. Después de conocerlos, comencé a ver en este ejército de cristianos de la tercera edad el gran potencial para hacer la obra misionera en los alrededores de esa zona. La última noche de reunión, les presenté el reto de que se dedicaran a llevar el evangelio a esa comunidad y no se vieran como jubilados, sino como obreros de Cristo consagrados a tiempo completo a su servicio. Estoy convencido de que, en cualquier lugar, la participación de ciudadanos de la tercera edad en el servicio al Señor podría llevar a muchos incrédulos a Cristo y disipar las nubes de tristeza de gran cantidad de jubilados que están batallando contra la depresión.

La buena salud y las actitudes positivas son complementarias. Cada una contribuye a la otra. Si estás luchando contra un estado de ánimo negativo, probablemente deberías ver a un médico y hacerte un chequeo general. En mi caso, el bajo nivel de azúcar en la sangre (hipoglucemia) me estaba causando fatiga extrema, espasmos musculares, debilidad, depresión y otros síntomas alarmantes. Dado que hay muchas enfermedades físicas que pueden causar actitudes negativas, es lógico hacerse un examen físico completo periódicamente para ver si algunos problemas físicos podrían estar causando decaimiento, depresión o amargura. Descubrir que algunos trastornos físicos son la razón del negativismo puede producir un gran alivio; y recibir el tratamiento adecuado puede producir una actitud completamente nueva en la vida.

Cabe decir algo más. Mientras generalmente una buena salud contribuye a una actitud positiva, muchos que sufren de una mala salud son personas extremadamente positivas. Estas personas se sobreponen a sus dificultades y pueden ser positivas en medio de sus tormentas.

Igual que Pablo, creen que la gracia de Dios es todo lo que necesitan y que, en su debilidad, pueden recibir el poder del Señor (2 Co. 12:9). Enriquecen la vida de aquellos que los rodean y a menudo consuelan a los que, preocupados, se acercan a ellos para consolarlos.

Dios les ha dado un cántico en la noche (Sal. 42:7-8). Y su influencia positiva glorifica al Dios que conocen y sirven.

11

ERES DINÁMICO

El ser humano tiene un inmenso potencial. No tenemos más que mirar a nuestro alrededor y ver los adelantos de esta era tecnológica para saber que es así. Y el desarrollo de la ciencia adquirida a lo largo de los siglos que ha hecho posible estos adelantos es solo una parte diminuta de todo lo que hemos de ver. Apenas hemos comenzado.

Un futuro de grandes oportunidades

El profeta Daniel escribió acerca del aumento vertiginoso de la ciencia que se produciría antes de la venida del Señor: "Pero tú, Daniel, cierra las palabras y sella el libro hasta el tiempo del fin. Muchos correrán de aquí para allá, y la ciencia se aumentará" (Dn. 12:4). Por lo tanto, podemos esperar continuos adelantos y mayores progresos en todos los ámbitos. Las más grandes invenciones no se han realizado todavía. La fórmula para combatir las enfermedades más resistentes aún no se ha descubierto. La inminencia de los viajes al espacio nos deja atónitos. ¡Qué época de la historia tan emocionante nos toca vivir!

También es una época emocionante como cristianos, pues tenemos a nuestro alcance, como nunca antes, herramientas para llevar el evangelio de Cristo al mundo. Ministerios radiales, televisivos, de literatura y en la Internet proporcionan oportunidades sin precedentes en la historia para el servicio cristiano. Las iglesias locales necesitan cristianos comprometidos, que se consagren a alcanzar a sus propias comunidades, mientras aún haya tiempo. No lo dudes, Dios tiene una misión para ti. Pero una actitud negativa puede impedir que alcances todo tu potencial.

Moisés tenía dificultades con esta clase de actitud paralizante. Aunque en cierto momento había albergado la idea de liberar a su pueblo de la esclavitud, fracasó en su primer intento y desistió, para luego huir de aquella tierra. Posteriormente, después de cuidar ovejas en Madián durante cuarenta años, regresó a Egipto dispuesto a conformarse con una vida pasiva, sin preocuparse más que por sus propios asuntos. Sin embargo, Dios tenía un plan mejor.

¡Yo no, Señor!

El Señor llamó a Moisés desde una zarza ardiente que no se consumía (Éx. 3:1-12) y le dijo que había visto el sufrimiento de los israelitas y escuchado sus oraciones. Después le manifestó que iba a liberar a los israelitas de la esclavitud egipcia y a conducirlos hasta una buena tierra en la que fluía leche y miel. Moisés debió haberse sentido feliz de escuchar esto; pero después llegó el desconcierto: él sería el instrumento humano en esta liberación divina. El Señor dijo: "Ven, por tanto, ahora, y te enviaré a Faraón, para que saques de Egipto a mi pueblo, los hijos de Israel".

Moisés quedó pasmado. Y "respondió a Dios: ¿Quién soy yo para que vaya a Faraón, y saque de Egipto a los hijos de Israel?".

Entonces comenzó a dar excusas: "He aquí que ellos no me creerán… nunca he sido hombre de fácil palabra… porque soy tardo en el habla y torpe de lengua".

El Señor le aseguró cuidadosamente a Moisés que supliría cualquier incapacidad humana, y le dijo: "Ahora pues, ve, y yo estaré con tu boca, y te enseñaré lo que hayas de hablar".

Moisés siguió protestando y le preguntó si enviaría a alguien más a esa misión.

Si Moisés hubiera seguido con sus pensamientos negativos, hubiera dejado pasar la oportunidad de su vida. Su insistencia en fijarse en su debilidad y desatender la promesa de Dios de suplir su incapacidad podría haberle costado el cumplimiento del propósito por el cual había nacido. Dichosamente, se rindió a la voluntad de Dios y emprendió la aventura más importante de su vida. Como resultado, llegó a ser un héroe nacional y uno de los personajes clave del Antiguo Testamento.

Su dignidad como siervo de Dios queda de manifiesto en su aparición junto a Elías en el monte de la transfiguración (Mt. 17). Y el último libro de la Biblia revela que es el compositor de uno de los cánticos en el cielo: "Y cantan el cántico de Moisés siervo de Dios, y el cántico del Cordero, diciendo: Grandes y maravillosas son tus obras, Señor Dios Todopoderoso; justos y verdaderos son tus caminos, Rey de los santos" (Ap. 15:3).

Razones para la evasión

Todos estos triunfos y recompensas podrían haberse perdido allí en el desierto de Madián, mientras Moisés permanecía de pie ante la zarza ardiente. Su autocrítica y falta de fe, al dudar de la voluntad de Dios de usar su vida, podrían haber echado todo a perder. Aunque algunos podrían considerar sus excusas como una señal de humildad, en realidad, eran indicio de negativismo e incredulidad. Estas excusas podrían tener su origen incluso en el orgullo. Él ya había intentado liberar a su pueblo en otra oportunidad y había fracasado. Quizá no estaba dispuesto a arriesgarse a ser avergonzado otra vez.

Un misionero me contó cómo sufría durante los discursos en público, que debía dar para promocionar su proyecto durante el período de recaudación de fondos para ir al campo misionero. El temor ante esa responsabilidad lo ponía nervioso e incómodo. Pero después se dio cuenta de que su problema era el orgullo. Tenía miedo de no hacer un buen trabajo en su presentación y se sentía disminuido por una posible reacción negativa por parte de los oyentes: "Cuando descubrí que mi problema era el orgullo, supe lo que Dios quería que hiciera —dijo él—. Entonces confesé mi pecado y finalmente fui libre".

Mi amigo misionero no es el único que tiene miedo de hablar en público. Algunos estudios muestran que este es el temor número uno entre los norteamericanos. Hasta el mismo profeta Jeremías tenía miedo, y puesto que me identifico con él, he leído el primer capítulo de su profecía cientos de veces al esperar desde mi asiento en la plataforma, mi momento de predicar. Jeremías relató la historia de sus sentimientos negativos al hablar en público y la respuesta que Dios le dio:

> "Y yo dije: ¡Ah! ¡ah, Señor Jehová! He aquí, no sé hablar, porque soy niño. Y me dijo Jehová: No digas: Soy un niño; porque a todo lo que te envíe irás tú, y dirás todo lo que te mande. No temas delante de ellos, porque contigo estoy para librarte, dice Jehová. Y extendió Jehová su mano y tocó mi boca, y me dijo Jehová: He aquí he puesto mis palabras en tu boca" (Jer. 1:6-9).

El poder de Dios cambia las cosas

Desde el punto de vista humano, Moisés no hubiera podido sacar a Israel de Egipto; pero con el poder de Dios no tenía posibilidad de fracasar. Independientemente de la habilidad de Jeremías de hablar en público, él estaba preparado para cumplir con la tarea que se le había encomendado, porque Dios había tocado su boca y había prometido llenarla con sus palabras. Sin lugar a dudas, David no podía competir con Goliat, pero batirse en duelo en el poder divino le dio la victoria.

Uno con Dios es mayoría.

A principios del ministerio de D. L. Moody, Henry Varley, un amigo cercano, dijo: "Aun no se ha visto lo que Dios puede hacer con un hombre que se entrega completamente a Él". Moody estaba determinado a ser ese hombre.[1] Y aunque no podemos medir el grado exacto de entrega de una persona, contamos con una amplia prueba de que este vendedor de calzado sin capacitación teológica logró grandes cosas en el poder de Dios. La influencia de su vida de servicio aún se percibe en millones de personas a través de las instituciones que él fundó, y como resultado de estas, su ministerio sigue alcanzando a muchos para Cristo hasta el presente. Una entrega similar de tu vida podría abrirte puertas que sobrepasen cualquier cosa que hayas imaginado.

Probablemente hayas soñado con alcanzar éxito y reconocimiento, pero nunca se ha materializado. Tal vez tus sueños tuvieran que ver con tu empleo, algún otro tipo de profesión, un pasatiempo o incluso un logro atlético. Podrían referirse a algún ministerio cristiano, al que una vez sentiste que habías sido llamado, pero para el cual no te preparaste o no te atreviste a emprender. Tal vez, como Moisés en Madián, has archivado estos sueños y te has resignado a vivir en el desierto de la derrota. Las oportunidades perdidas de llevar a cabo una misión es una de las causas de tu negativismo. La vida te ha desilusionado, y te cuesta ser positivo.

Corta ese ciclo infinito de amargura.

¡Puedes hacerlo!

Deja de mirar los fracasos del pasado y comienza a pensar en grande. Desecha tu pobre autoestima, que te atormenta cada vez que estás a punto de aceptar alguna oportunidad que se te presenta.

No pienses en el fracaso.

Deja de prestar atención a todas las voces humillantes y negativas del pasado que te han estado impidiendo creer que puedes hacer cosas trascendentes. Algunas personas se pasan la vida atadas por los comentarios mordaces que alguien dijo en un momento de disgusto o enojo. Y por lo general, el que hizo estos comentarios se olvidó de ello. ¡Qué triste es vivir una vida limitada, porque alguien descargó su negativismo sobre ti en un mal momento!

En vez de ello, recuerda las palabras alentadoras del pasado y vuelve a tomar aliento en ellas en el presente. Salomón escribió: "La congoja en el corazón del hombre lo abate; mas la buena palabra lo alegra" (Pr. 12:25). Recuerda las palabras buenas que te alegran.

Cuando tenía quince años, mi maestra de Lengua de la escuela secundaria vino a mi escritorio un día y me dijo: "Me gusta cómo escribes". Me sorprendí ante su comentario y me hizo sentir bien.

Aunque en ese entonces no consideraba la posibilidad de estudiar para llegar a ser escritor, varios años más tarde, quise defender un tema y escribí un artículo sobre ello. Mientras trataba de juntar suficiente coraje a fin de enviar el artículo a una revista para su posible publicación, recordé aquellas palabras alentadoras de mi profesora y rápidamente me sentí lo bastante seguro para enviarlo y arriesgarme a un posible rechazo.

El artículo fue publicado, y aquello desarrolló en mí mayor confianza para escribir otro. Tras su publicación, el segundo artículo fue reeditado por numerosas otras revistas y compaginado en forma de librito por una conocida editorial. Todo el interés en este segundo artículo dio nacimiento a mi primer libro, que se trató de un estudio adicional sobre el mismo tema.

También he recibido mi parte de comentarios negativos en la vida; pero me he propuesto olvidarlos. Ese comentario alentador de mi profesora de Lengua valió mucho más que todos los comentarios negativos. Retén las palabras buenas; desecha las desalentadoras.

El profeta Jonás es un ejemplo excelente de alguien que fracasó y después triunfó. Tras recibir el llamado de Dios para advertir a la pecaminosa ciudad de Nínive de la destrucción que vendría sobre ella, Jonás se rebeló y trató de huir. Entonces, fue a Jope para abordar un barco que partía hacia Tarsis. Descendió al interior de la nave, y mientras dormía, se desató una tempestad tan grande, que parecía que el barco se partiría y acabaría con la vida de todos los que estaban a bordo.

Cuando lo despertaron, Jonás les dijo a los marineros que él era la causa de su problema y les aconsejó que lo arrojaran al mar. Después que arrojaron a Jonás al mar, la tempestad se calmó. Sin embargo, un gran pez, que el Señor había preparado para aquella ocasión, tragó a Jonás (Jon. 1).

Después de su difícil experiencia en el vientre del pez, Dios volvió a llamar a Jonás para darle el mandato original: ir a Nínive y dar el mensaje divino. Cuando cumplió el mandato, la ciudad entera se arrepintió, y la amenaza de juicio se canceló (Jon. 3).

¡Qué extraño!

He aquí un hombre que se rebeló y falló; y sin embargo logró que toda una ciudad se arrepintiera ante Dios, aunque se trataba de una ciudad tan pecaminosa que hubiera sido merecedora de juicio. Jonás hizo todo solo, sin ninguna cobertura periodística o sistema de altavoces; sin embargo, seiscientas mil personas se arrepintieron en un lapso de cuarenta días. Aquí Dios usó a un hombre que parecía muy poco calificado, y la ciudad se salvó de la destrucción. Igual que Jonás, muchos que no alcanzan a cumplir las exigencias humanas han sido eficientes siervos de Dios.

Según las normas convencionales, los discípulos no tenían mucha educación. Además, habían respondido pésimamente durante la prueba y crucifixión de Jesús. No obstante, estremecieron a Jerusalén y sus alrededores el día de Pentecostés y los días siguientes. Solo puede haber una explicación: el Señor estaba con ellos. Sin duda habían recibido esta promesa en la gran comisión: "Y Jesús se acercó y les habló diciendo: Toda potestad me es dada en el cielo y en la tierra. Por tanto, id, y haced discípulos a todas las naciones, bautizándolos en el nombre del Padre, y del Hijo, y del Espíritu Santo; enseñándoles que guarden todas las cosas que os he mandado; y he aquí yo estoy con vosotros todos los días, hasta el fin del mundo. Amén" (Mt. 28:18-20).

Ese día, las personas reconocieron que el poder de Dios obraba a través de los discípulos. Por consiguiente, su eficacia, a pesar de su falta de cultura, llegó a ser una confirmación de su relación con el Señor. Y el poder de Dios les dio autoridad a su predicación. Lucas describe qué ocurrió: "Entonces viendo el denuedo de Pedro y de Juan, y sabiendo que eran hombres sin letras y del vulgo, se maravillaban; y les reconocían que habían estado con Jesús" (Hch. 4:13).

Las personas que Dios usa

¿Te sientes inferior? ¿Descalificado? ¿Sin probabilidades de ser elegido por Dios para alguna tarea trascendente?

Piensa en la explicación de Pablo acerca de la clase de personas que el Señor usa para llevar a cabo su obra: "sino que lo necio del mundo escogió Dios, para avergonzar a los sabios; y lo débil del mundo escogió Dios, para avergonzar a lo fuerte; y lo vil del mundo y lo menospreciado escogió Dios, y lo que no es, para deshacer lo que es, a fin de que nadie se jacte en su presencia" (1 Co. 1:27-29).

¿Qué clase de hombre piensas que era Moisés? ¿Autoritario? ¿Exigente? ¿Un duro ejecutivo?

Difícilmente.

La Biblia hace una descripción de él: "Y aquel varón Moisés era muy manso, más que todos los hombres que había sobre la tierra" (Nm. 12:3). Sin embargo, el Señor lo eligió para una de las tareas más difíciles de la historia.

Juan Wesley nació en 1703, y su vida abarcó casi todo un siglo. Murió en 1791. Fue el hombre de Dios para Inglaterra.

Cuando Wesley nació, las condiciones sociales y morales de Inglaterra eran deplorables. La tosquedad y la crueldad eran cosa común. La trata de esclavos proliferaba con ímpetu y sin ninguna consideración del valor humano. Prevalecía el contrabando y hurto desenfrenados, así como la inmoralidad. La suerte de la clase trabajadora era casi insoportable. Aquellos que constituían el sostén principal de la familia terminaban en la cárcel a causa de sus deudas. La vida de un obrero estaba destinada al trabajo pesado bajo condiciones miserables. Los niños trabajaban como esclavos en las minas y los molinos hasta catorce horas al día.

La vida religiosa de Inglaterra no era mucho mejor. Los

sermones en las iglesias habían llegado a ser nada más que discursos aburridos y sin vida, sobre la moralidad. La mayoría de los ministros religiosos parecían tener muy poco interés en sus congregaciones, y mucho interés en la caza de zorros, los juegos de cartas y la bebida.

Sin embargo, cuando Wesley murió, la nación había cambiado. El avivamiento wesleyano había transformado Inglaterra durante el transcurso de la vida de un hombre que no parecía ser el posible candidato a recibir el llamado de Dios para tal misión. Wesley era un hombre pequeño de solo cincuenta y cinco kilos, que no tenía una figura imponente, y su manera directa de hablar hacía que fuera apartado de la mayoría de los púlpitos ingleses. No obstante, fue un hombre usado por Dios, junto a su hermano Carlos, para llamar a la nación al arrepentimiento y a un genuino avivamiento.

Billy Sunday fue un jugador de béisbol profesional que aceptó a Cristo en el refugio para desamparados *Pacific Garden Mission* de Chicago. No tuvo ninguna capacitación formal para el ministerio; pero la mano de Dios evidentemente estuvo sobre él en su servicio.

Sunday llevó a cabo grandes cruzadas evangelísticas por toda la nación. Para estas reuniones, se construyeron enormes templos en varias ciudades. Él reconocía las necesidades de las personas, les hablaba de manera que podían entender, y muchos aceptaban a Cristo.

Billy era único. Era una persona extraordinaria. Por fortuna, no permitió que esto le impidiera servir al Señor. El hecho de ser completamente diferente al estereotipo de otros predicadores de su época solo hizo que fuera más eficaz. Él era diferente, pero dinámico; y toda la nación sintió la influencia de su ministerio.

Y tú también eres dinámico, ¡y único!

Probablemente tengas talentos que no hayas usado en todo tu potencial, y estos dones terminarán desperdiciándose. La energía que cada día fluye a través de ti debería usarse para la gloria de Dios y para enriquecer tu vida.

Especial y dotado

Tu cuerpo es templo del Espíritu Santo. En palabras de A. W. Tozer, eres "la morada de Dios".[2] Como creyente en Cristo, eres partícipe de la naturaleza divina (2 P. 2:4). ¡Tienes todo para ganar!

Dado que somos partes del cuerpo de Cristo, somos el organismo vivo de carne y hueso a través del cual el Señor trabaja en este mundo. Independientemente de tu capacidad o apariencia personal, eres muy especial para Dios. Ningún otro cristiano es más importante para Él:

> "Si dijere el pie: Porque no soy mano, no soy del cuerpo, ¿por eso no será del cuerpo? Y si dijere la oreja: Porque no soy ojo, no soy del cuerpo, ¿por eso no será del cuerpo? Si todo el cuerpo fuese ojo, ¿dónde estaría el oído? Si todo fuese oído, ¿dónde estaría el olfato? Mas ahora Dios ha colocado los miembros cada uno de ellos en el cuerpo, como él quiso" (1 Co. 12:15-18).

Aquí hay más buenas noticias: cada cristiano ha recibido al menos un don para usar en el servicio al Señor. Ningún hijo de Dios puede decir que es incapaz. Estos dones nos capacitan para que todos seamos siervos eficaces para Dios y serviciales para los demás. Pablo explicó:

"Porque de la manera que en un cuerpo tenemos muchos miembros, pero no todos los miembros tienen la misma función, así nosotros, siendo muchos, somos un cuerpo en Cristo, y todos miembros los unos de los otros. De manera que, teniendo diferentes dones, según la gracia que nos es dada, si el de profecía, úsese conforme a la medida de la fe; o si de servicio, en servir; o el que enseña, en la enseñanza; el que exhorta, en la exhortación; el que reparte, con liberalidad; el que preside, con solicitud; el que hace misericordia, con alegría" (Ro. 12:4-8).

Los principales pasajes de la Biblia que explican los dones espirituales son Romanos 12, 1 Corintios 12—14 y Efesios 4. Recuerda que tienes al menos uno de los dones mencionados en estos poderosos pasajes.

Hace poco un amigo mío me dijo cuán alentador era para él descubrir que tenía el don de *ayuda* (1 Co. 12:28). Él no sabía que cada creyente tenía al menos un don y ni siquiera tenía conocimiento del don de *ayuda*. Aunque ha sido servicial para muchas personas en el pasado, ahora busca con ilusión más oportunidades de usar los dones para la gloria de Dios.

Si tienes problemas para discernir qué don o dones posees, sigue el consejo de Leslie Flynn en su libro *19 Gifts of the Spirit* [Los 19 dones del Espíritu]:

Aunque pensáramos que no tenemos dones o no tenemos conocimiento de nuestra responsabilidad de desarrollar nuestros dones, el Nuevo Testamento contiene cientos de instrucciones sobre utilizar los dones. Todos, aunque no tengamos los siguiente dones, tenemos el mandato de evangelizar, exhortar, mostrar misericordia y ayudar. A medida que comencemos a obedecer en estos u otros ámbitos, el Espíritu Santo irá revelando gradualmente ciertos dones. Por eso deberíamos participar con entusiasmo del servicio cristiano.[3]

Para esta hora

Además de recibir el poder del Espíritu Santo y los dones para el servicio, es de esperar que nuestras circunstancias nos conduzcan a hacer la voluntad de Dios. Se nos presentarán grandes oportunidades en la vida, y debemos estar dispuestos a aprovecharlas.

Ester era la reina de Persia en una época cuando su pueblo (judío) estaba en gran peligro. Amán, uno de los más altos funcionarios del reino, había desarrollado un fuerte odio por ellos y había convencido al rey de que exterminara a todos los judíos de la tierra. El rey Asuero no sabía que Ester era judía.

En un esfuerzo por salvar a los judíos, el primo de Ester, Mardoqueo, le pidió que fuera a ver al rey para interceder por ellos. Ella se negó porque temía por su vida; no había nada que ella pudiera hacer.

Después, Mardoqueo retó a Ester con una de las preguntas más reflexivas de la Biblia: "…¿Y quién sabe si para esta hora has llegado al reino?" (Est. 4:14). Él quería que ella enfrentara la posibilidad de que aquella podía ser la oportunidad más grande de su vida.

La estimulante pregunta de Mardoqueo hizo libre a Ester de sus temores. No dispuesta a pasar por alto la voluntad de Dios para su vida, puso en peligro su futuro y anunció que iba a ver al rey de parte de su pueblo. Entonces dijo: "…y si perezco, que perezca" (Est. 4:16). Como resultado de su intercesión, los judíos se salvaron. Verdaderamente, Ester había llegado al reino para esa hora decisiva.

¿Y quién sabe si para esta hora has llegado al reino?

Puede que tú seas la persona escogida por Dios para una tarea especial.

Tal vez seas la clave para el avivamiento en tu iglesia, la evangelización de tu comunidad o un despertar espiritual y moral en la nación. Este podría ser el momento para el cual has nacido. ¡Qué triste es dejar pasar lo mejor de Dios debido a las dudas, la amargura, la falta de perdón o alguna otra actitud negativa!

Duda de tus dudas.

Cree en tus creencias.

Sigue adelante en fe.

Eres realmente dinámico.

12

¡HAZ ALGO!

Un jugador de béisbol de las grandes ligas está precalentando en el círculo de espera y hace movimientos con un bate. El bate tiene una argolla pesada, que lo hace más pesado y más difícil de mover que lo normal. Cuando llega su momento de batear, golpea el asa del bate en el suelo, y la argolla pesada se cae. Luego avanza hasta la base donde bateará con un bate que parecerá mucho más liviano porque ya no tiene el peso adicional.

Despojarse de una actitud negativa es bastante parecido.

Despojémonos de todo peso

Durante el cierre de una serie de reuniones donde había estado predicando sobre una entrega total al Señor, una mujer se puso de pie para contar lo que Dios había estado haciendo en su vida aquella semana. "Ya no tengo amargura", dijo ella. Su alivio era evidente, y era fácil ver que había quedado libre de los sentimientos negativos que habían estado estancando su vida y robándole el gozo.

Los atletas que corren se visten con la indumentaria más ligera posible, para que ningún peso innecesario les reste velocidad. El escritor de Hebreos dice que deberíamos seguir este principio en la carrera de la vida: "Por tanto, nosotros también, teniendo en derredor nuestro tan grande nube de testigos, despojémonos de todo peso y del pecado que nos asedia, y corramos con paciencia la carrera que tenemos por delante" (He. 12:1).

Algunas actitudes negativas son claramente pecaminosas; otras podrían decirse que son un peso. En ambos casos, nos impiden disputarnos el premio que hay al final de la carrera.

Un repaso de los principios positivos

Tal vez saber que Dios realmente cuida de tu vida te ha permitido despojarte de algunos sentimientos que te han perturbado por mucho tiempo. Antes te fijabas en los problemas, ahora te fijas en el poder del Dios Todopoderoso. La fe ha reemplazado el temor, y aquella nube de depresión, que impedía que la luz del sol alumbrara tu camino, se ha disipado. Sientes como si te hubieran devuelto las esperanzas.

Durante los días que pasamos juntos, has tomado consciencia del valor del tiempo y has decidido dejar de desperdiciar horas en un estado de amargura y depresión, cuando podrías hacer cosas positivas e importantes. Comenzar cada día buscando la manera más provechosa de invertir tu valioso tiempo le ha aportado aventura y optimismo a tu vida.

Aunque puede que aún tengas cuentas por pagar, ya no te deprimes por los problemas económicos, pues sabes que no puedes permitirte ese lujo. Puede que detenerte a reflexionar y volver a pensar en tu condición económica en vista de los inagotables recursos de Dios te ha traído el alivio que necesitabas y un incremento en la fe. Hasta podrías estar pensando en dar alguna ofrenda adicional, para ver qué efecto tiene la ley de la siembra y la cosecha en tu situación económica, cuando la usas de manera bíblica y en oración.

Algunos de tus amigos ahora tienen mejor carácter. Bueno, al menos parecen ser mejores personas, dado que has dejado de especializarte en encontrarles defectos. Ahora estás más contento con tu familia y con tus hermanos en la fe, porque has dejado de fijarte en sus puntos débiles y has comenzado a buscar las cosas positivas de sus vidas. Y los demás parecen disfrutar de tu compañía más que antes.

Aprender a ser positivo no ha acabado con tus problemas, pero ha cambiado tu actitud hacia ellos. Recordar que Jesús también ha soportado graves pruebas y que lo hizo sin quejarse te ha hecho pensar en las dificultades de la vida de una manera diferente. Hacía mucho que sabías que todas las pruebas son pasajeras, pero por alguna razón reaccionabas como si fueran eternas. Reflexionar en lo que te espera como creyente ha aliviado el dolor actual, y ahora sabes que lo mejor aún está por llegar.

Cerrar la puerta al pasado ha sido difícil para ti. Voces de antiguos pecados, confesados hace tiempo, se han negado a callar. Aunque has sido perdonado, te han perseguido recuerdos del pasado. Ahora sabes que el temor de no haber sido perdonado por completo es totalmente infundado. Entiendes que es sabio olvidar todo aquello que ha quedado atrás y has decidido hacerlo. Has dejado a un lado antiguos rencores. Has hecho todo lo posible por olvidar antiguos fracasos. Has puesto la mira en las cosas de arriba y en lo que tienes por delante, con la esperanza de un gran futuro.

El contentamiento era algo que veías en la vida de otros; que les pertenecía a los que sonreían, pero que a ti te eludía. Ahora has reflexionado en todas las bendiciones de Dios sobre tu vida y te has dado cuenta de que realmente eres una persona próspera. Antes te costaba mucho ser agradecido y te deprimías por cosas insignificantes. Tan solo estar agradecido por estar vivo cada mañana y valorar las cosas que antes dabas por hecho te ha dado una nueva dimensión en la vida.

El cuidado apropiado de tu cuerpo, que es el templo de

Dios, también ha hecho una diferencia. De alguna manera, nunca habías asociado las irregularidades en tus horas de trabajo y la mala dieta con tu negativismo. Descubrir que la salud y la felicidad están estrechamente relacionadas ha sido una valiosa lección. Y además te sientes mejor.

Aceptar que tienes un gran potencial ha sido un poco difícil. Te habías conformado con la mediocridad, y te ha costado romper con ese patrón de pensamiento. Pero has dado lugar a cosas más importantes y le has dicho al Señor que estás dispuesto a hacer lo que Él quiera. Has dejado de ponerte límites y estás permitiendo que Dios, en su sabiduría, comience a extender tus límites si esa es su voluntad para ti.

La reprogramación de tu vida, que comenzó poco después de iniciado este estudio, sigue en marcha. Negarle la entrada a los pensamientos negativos fue difícil al principio, porque estabas muy acostumbrado a tu antiguo estilo de vida; pero cada día ha sido un poco más fácil. Llenar el vacío con todo aquello que Pablo nos manda pensar (todo lo que se refiere a la virtud, todo lo que es agradable y merece ser alabado) fue un mandato bastante difícil; pero con el paso del tiempo, estás encontrando la forma de hacerlo.

Ahora puedes ayudar a otros

Ahora que tu negativismo está desapareciendo, y tus pensamientos se están conformando al patrón positivo de Pablo según Filipenses 4:8, estás listo para entrar en la etapa más productiva de tu vida. Dios no te ha hecho libre de tu amargura y depresión solo para que te sientas mejor. Él quiere usar tu nueva vida para ayudar a otros que están deprimidos. Pablo dejó traslucir lo mismo en 2 Corintios 1:3-4: "Bendito sea el Dios y Padre de nuestro Señor Jesucristo, Padre de

misericordias y Dios de toda consolación, el cual nos consuela
en todas nuestras tribulaciones, para que podamos también
nosotros consolar a los que están en cualquier tribulación, por
medio de la consolación con que nosotros somos consolados
por Dios".

*   *   *

El anciano que estaba orando en nuestro servicio de mitad
de semana era una de aquellas personas especiales, que siempre
parecen estar llenas de alabanza y acción de gracias. Durante el
verano, asistía casi siempre a los servicios de mi primera iglesia;
pero una buena parte del año viajaba por el país, para testificar
a otros acerca de su fe en Cristo. Aquella noche, mientras él
oraba, le pidió al Señor que me bendijera como pastor. "Oh,
Señor —dijo él—, bendice al pastor, pues ningún hombre
puede ser una bendición para otros a menos que él mismo sea
bendecido por Dios".

Para mí, tanto la oración como el principio que establecía
han sido inolvidables. La oración fue un clamor profundo
y sincero por la bendición de Dios sobre mi ministerio. El
principio establecía que, si yo era bendecido, sería de bendición
para otros. Este buen hombre fiel no le estaba pidiendo al Señor
que me bendijera solo para que me sintiera bien o me fuera
bien, para mi propio beneficio; sino para que pudiera ser una
bendición para aquellos que lo necesitaban.

Otra mujer que me llamó por teléfono estaba profundamente
desesperada. Aunque no la conocía, había llamado porque le
habían dicho que yo podría ayudarla con sus problemas. Esta
esposa y madre cristiana estaba muy deprimida y sentía que no
tenía manera de salir de su oscuro valle.

Al sentir su desesperación, me arrodillé para orar por ella mientras escuchaba su triste historia. Después que terminó de desahogarse, le expliqué algunos conceptos bíblicos que se relacionaban con sus problemas y oré por ella por teléfono. Después seguí orando y dándole más consejos.

Al poco tiempo, su depresión comenzó a apartarse de su vida. Ella renovó sus votos de entrega a Cristo y comenzó a participar de las actividades de la iglesia. Pero hay más. No contenta con solo disfrutar de las bendiciones de Dios, comenzó ayudar a otros que estaban sufriendo. Al final, empezó a ministrar a muchas personas afligidas, algunas de las cuales enfrentaban problemas similares a los que ella había atravesado.

Las personas positivas ayudan a otros.

Si no usas tu nueva actitud positiva, la perderás.

No eres el de siempre

Los más queridos y allegados deberían ser los primeros en beneficiarse de tu cambio de actitud. Si has sido quisquilloso, amargado o distante en tu hogar, ese es el mejor lugar para demostrar la realidad de tu nueva perspectiva de la vida. Fíjate en este patrón, en Efesios 5:18-33. Inmediatamente después de decirles a sus lectores que sean llenos del Espíritu, Pablo explica que eso debería influir en su vida doméstica.

Sé un agente motivador en tu familia.

Muestra afecto a aquellos que hayas ignorado en el pasado.

Sé tan rápido para ser agradecido como una vez lo fuiste para quejarte.

Aprovecha las oportunidades para expresar amor.

Procura que los miembros de tu familia sepan que crees en ellos y que esperas lo mejor de ellos.

Tu iglesia también debería sentir el efecto de tu cambio positivo de vida. Si antes estabas acostumbrado a quejarte, intenta que tu vida se caracterice por la alabanza. Si antes eras conocido como alguien que no se atrevía a emprender nuevos proyectos, gánate la reputación de ser audaz y sigue adelante en fe. Si antes eras un agente divisor en la congregación, ahora sé un pacificador.

Cáusale problemas al diablo, no a tu pastor.

Es de esperar que las personas se conviertan a través del ministerio de tu pastor. Testifica de Cristo a otros y llévaselos al pastor para que los instruya en el crecimiento cristiano. Cuando otros critican a tu pastor, defiéndelo y enfatiza sus puntos fuertes. Ora por él y motiva a otros a hacer lo mismo.

Procura ver el mundo a través de los ojos de Jesús. Ora por la urgencia de alcanzar a los perdidos, según el mandato que Jesús nos dio en Juan 4:35: "¿No decís vosotros: Aún faltan cuatro meses para que llegue la siega? He aquí os digo: Alzad vuestros ojos y mirad los campos, porque ya están blancos para la siega".

Evita la maraña de excusas que te ha impedido alcanzar a personas de tu comunidad para Cristo. Que Eclesiastés 11:4 acabe con tus excusas: "El que al viento observa, no sembrará; y el que mira a las nubes, no segará".

Participa como voluntario en actividades de servicio. Únete al coro. Ofrécete para dar clases de escuela dominical. Acepta la próxima posición que te ofrezcan. Comienza un grupo de oración. Consagra tu automóvil al Señor y úsalo para transportar personas a la iglesia. Coopera con el grupo de jóvenes. Pregúntale a tu pastor si puedes hacer algún trabajo que nadie quiere hacer.

En tu trabajo, deja de ser el que más se queja. Sonríe ante

la menor irritación y agradécele al Señor por ellas. Deja de preocuparte por si otros se aprovechan de ti. Ve la mano del Señor en los momentos de estrés, que antes te hubieran puesto nervioso o a la defensiva: "Así alumbre vuestra luz delante de los hombres, para que vean vuestras buenas obras, y glorifiquen a vuestro Padre que está en los cielos" (Mt. 5:16).

Una vez guié a un carpintero a Cristo. Al día siguiente, se golpeó el pulgar con el martillo. Y dijo: "Gloria a Dios". Los demás trabajadores no podían creer lo que habían escuchado. Pero se dieron cuenta de que era un hombre diferente.

El mundo nota cuando los creyentes son diferentes.

Sin embargo, con mucha frecuencia solo notan nuestro negativismo. Nos conocen por lo que no hacemos. ¿Cuántos cristianos conoces que se distingan por sus reacciones positivas ante la persecución y la calumnia?

Da gracias la próxima vez que tengas la oportunidad de reaccionar positivamente según Mateo 5:11-12: "Bienaventurados sois cuando por mi causa os vituperen y os persigan, y digan toda clase de mal contra vosotros, mintiendo. Gozaos y alegraos, porque vuestro galardón es grande en los cielos; porque así persiguieron a los profetas que fueron antes de vosotros".

Emprende ese proyecto que hace tiempo querías hacer, pero te faltaba coraje. Comienza esa pintura. Escribe ese poema o compón esa canción. Activa ese sueño de "algún día voy a". Aunque tu primer intento no cumpla con tus expectativas, habrás hecho el esfuerzo de poner tu idea en acción. Si reconoces que no tienes la predisposición natural para realizar ese proyecto tan soñado, puedes soñar en otro. Pero si acaso te va bien, podrías llegar a realizar cosas aún mayores. Nunca lo sabrás a menos que lo intentes.

El beneficio de dar

Haz algo por los demás.

Ayuda a alguien.

Lee la parábola del buen samaritano (Lc. 10:30-37) y piensa cómo puedes ponerla en práctica en tu propio vecindario.

Prepara una comida para algún amigo enfermo.

Durante la larga enfermedad de mi esposa, mencionada anteriormente, amigos cristianos de nuestra iglesia se habían organizado para encargarse de nuestra cena todos los días. Cada noche, durante seis semanas, alguien llegaba a nuestra puerta con una comida caliente para nuestra familia. Cuán agradecidos estábamos por aquella demostración de amor cristiano.

Ayudar a otros trae beneficios a tu vida. Tim LaHaye dice:

> Las experiencias más provechosas y gratificantes de la vida son las que vivimos cuando servimos a los demás. Es una acción emocionalmente terapéutica. La persona deprimida es propensa a pasar demasiado tiempo pensando en sí misma. El servicio a Dios al ayudar a los demás lo obliga a pensar en otra persona y no en sí mismo. Estoy personalmente convencido de que Dios ha diseñado la psique humana de modo tal, que a menos que el ser humano confraternice con otros, no puede sentirse satisfecho consigo mismo. Las recompensas de este tipo de servicio no solo son beneficios para la eternidad, sino para esta vida.[1]

Por lo tanto, cuando tú das, te beneficias; cuando ayudas a otros, tu vida se enriquece.

Participa de una causa digna.

William Wilberforce recibió una gran influencia del ministerio de Juan Wesley. La gran pasión de su vida era ponerle fin a la esclavitud del Imperio británico. Pero parecía ser el hombre menos indicado de Inglaterra para lograrlo.

Wilberforce tenía suficientes razones para ser negativo acerca de sus posibilidades de tener éxito. Una de las más notables era su delicada salud. Un escritor de esa época habló de la "deformación de su cuerpo". No obstante, llegó a estar convencido de que Dios le había encomendado la tarea de liberar a los esclavos británicos y no descansó hasta lograrlo.

La esclavitud era muy rentable, y la mayoría de los líderes británicos no quería que se acabara. Si no hubiera sido por su fe en Dios, Wilberforce hubiera sucumbido ante esta poderosa oposición; pero él estaba seguro de que el poder del Señor era más grande que el de sus enemigos.

Aunque Wilberforce murió antes de ver la victoria total de esa batalla, el día de su funeral, el parlamento británico aprobó una ley para liberar a todos los esclavos del Imperio. El hombre de frágil salud había triunfado en su campaña por la libertad contra un gran poder político. Había demostrado que la fe es la victoria que vence al mundo (1 Jn. 5:4).

La tarea indicada para tu nueva vida positiva

Hay algunas tareas para la cuales estás mejor dotado que otras personas. ¿Por qué no llevarlas a cabo?

Ya hemos tenido bastantes expertos en encontrar faltas.

Ahora necesitamos personas emprendedoras.

Pablo se describió a sí mismo como un atleta. Físicamente, no daba esa imagen. Pero para él, la mayor competencia era la vida. Él aprovechaba cada día como una oportunidad que nunca se volvería a repetir, y exhortaba a sus oyentes y lectores a aprovechar al máximo cada momento. Él debió de haber respaldado con su vida lo que predicaba, pues nadie que viviera despreocupadamente podría haber igualado sus triunfos. Ni siquiera los líderes del poderoso Imperio romano pudieron pasarlo por alto. Como un resumen de su propio estilo de vida, recomendó esta simple pero poderosa fórmula: "Y todo lo que hagáis, hacedlo de corazón, como para el Señor y no para los hombres" (Col. 3:23).

Por lo tanto, ¿qué puedes hacer en beneficio de tu iglesia, tu comunidad, la nación o incluso el mundo? ¿Cuánto tiempo hace que sientes esta inquietud? ¿Has pensado que eres incompetente para esta tarea? Ese sentimiento corresponde a tu pasado, a tus días de negativismo. Recuerda a Wilberforce, así como a otros héroes de la fe, y piensa en la fuente de tu fortaleza.

Cuéntale tu inquietud a tu pastor o a alguna otra persona que te inspire confianza, y ofrécete a colaborar y ser parte de una solución positiva.

¡Haz algo… hoy!

NOTAS

Capítulo 1

1. Dale Carnegie, *How to Stop Worrying and Start Living* [*Cómo suprimir preocupaciones y disfrutar de la vida*] (Nueva York: Simon & Schuster, 1948, Pocket Books, Inc., 1953), p. 320. Publicado en español por Editorial Sudamericana.

2. Craig Massey, *Moody Monthly* (Chicago, abril de 1974).

3. *The Pulpit Commentary* (Londres y Nueva York: Funk & Wagnalls Company), vol. 16, p. 47.

4. J. C. Ryle, *Holiness* (Old Tappan, Nueva Jersey: Fleming H. Revell), p. 197.

5. Walter B. Knight, *Knight's Master Books of Illustrations* (Grand Rapids, Michigan: Wm. B. Eerdmans Publishing Co., 1956), p. 52.

6. G. B. Hardy, *Countdown* [*La cuenta regresiva*] (Chicago: Moody Press, 1972), p. 52. Publicado en español por Editorial Portavoz.

7. Ibíd., p. 51.

8. Herbert Lockyer, *Dark Threads the Weaver Needs* (Old Tappan, Nueva Jersey: Fleming H. Revell, 1979), p. 60.

9. Knight, *Knight's Master Books of New Illustrations* (Grand Rapids, Michigan: Wm. B. Eerdmans Publishing Co., 1956), p. 641.

10. Lockyer, *Dark Threads the Weaver Needs*, p. 76.

Capítulo 2

1. Walter B. Knight, *Knight's Treasury of Illustrations* (Grand Rapids, Michigan: Wm. B. Eerdmans Publishing Company, 1963), p. 115.

2. Roger F. Campbell, artículo en *Certainty* (Schaumburg, Illinois: Regular Baptist Press, 4 de diciembre de 1983).

3. Robert V. Ozment, *But God Can* (Old Tappan, Nueva Jersey: Fleming H. Revell Company, 1962), p. 117.

4. Knight, *Knight's Master Book of New Illustrations*, p. 418.

5. John R. Rice, *Prayer—Asking and Receiving* [*La oración: Pedid y recibiréis*] (s.l.: Sword of the Lord Publishers, 1942), p. 165. Publicado en español por Publicaciones de la Fuente.

6. Knight, *Knight's Master Book of New Illustrations*, p. 187.

7. Roger F. Campbell, *Let's Communicate* (Fort Washington, Pennsylvania: Christian Literature Crusade, 1978), p. 176.

Capítulo 3

1. Knight, *Knight's Master Book of New Illustrations*, p. 139.

2. Tim LaHaye, *How to Win over Depression* [*Cómo vencer la depresión*] (Grand Rapids, Michigan: Zondervan Pusblishing House, 1974), p. 203. Publicado en español por Editorial Vida.

3. R. A. Torrey, *How to Pray* [*Cómo orar*] (Chicago: Moody Press, s.f.), p. 24. Publicado en español por Editorial Peniel.

4. A. W. Tozer, *Man, the Dwelling Place of God* [*El hombre, la morada de Dios*] (Harrisburg, Pennsylvania: Christian Publications, 1966), p. 69. Publicado en español por Editorial Clie.

Capítulo 4

1. LaHaye, *How to Win over Depression* [*Cómo vencer la depresión*], p. 104.
2. Ray C. Stedman, *Secrets of the Spirit* (Old Tappan, Nueva Jersey: Fleming H. Revell Company, 1975), pp. 38-39.
3. Massey, *Moody Monthly*, abril de 1974.
4. Knight, *Knight's Treasury of Illustrations*, p. 407.
5. John Edmund Haggai, *How to Win over Worry* [*Vence tus preocupaciones*] (Grand Rapids, Michigan: Zondervan Publishing House, 1959), p. 83. Publicado en español por Editorial Portavoz.
6. Knight, *Knight's Treasury of Illustrations*, p. 407.
7. Knight, *Knight's Master Book of New Illustrations*, p. 684.
8. Haggai, *How to Win over Worry* [*Vence tus preocupaciones*], p. 84.
9. Ibíd., p. 85.
10. Ted W. Engstrom y Alec Mackenzie, *Managing Your Time* [*Cómo aprovechar el tiempo*], (Grand Rapids, Michigan: Zondervan Publishing House, 1967), pp. 61-62. Publicado en español por Editorial Trillas.
11. Knight, *Knight's Treasury of Illustrations*, p. 189.
12. John R. Rice, *God's Cure for Anxious Care* (Murfreesboro, Tennessee: Sword of the Lord Publishers, 1948), p. 19.

Capítulo 5

1. Cargenie, *How to Stop Worrying and Start Living* [*Cómo suprimir preocupaciones y disfrutar de la vida*], p. 320.
2. S. I. McMillen, *None of These Disease* [*Ninguna enfermedad*] (Old Tappan, Nueva Jersey: Fleming H. Revell Company, 1963), pp. 128-129. Publicado en español por Editorial Vida.

3. Ibíd., pp. 82-83.
4. Edgar A. Guest, *Today and Tomorrow* (Chicago: The Reilly & Lee Company, 1942). Ahora los derechos de autor pertenecen a Contemporary Books, Inc.

Capítulo 6

1. Knight, *Knight's Master Book of New Illustrations*, p. 89.
2. De *Pulpit Helps*, Chattanooga, Tennessee, ejemplar de marzo de 1982.

Capítulo 7

1. Knight, *Knight's Master Book of New Illustrations*, p. 184.
2. Shirley Lyon, como lo cuenta Roger F. Campbell, *Power for Living* (Wheaton, Illinois: Scripture Press Publications, 23 de agosto de 1970).
3. Edward E. Powell h., como lo cuenta Roger F. Campbell, *Turning Points* (Bonita Springs, Florida: Biographies, Inc., 1984).
4. Rice, *God's Cure for Anxious Care*, p. 18.
5. Roger F. Campbell, *She Runs a Good Race*, en *FreeWay* (Wheaton, Illinois: Scripture Press Publications, 1 de junio de 1975).
6. Lockyer, *Dark Threads the Weaver Needs*, p. 104.

Capítulo 8

1. Ryle, *Holiness* p. 173.
2. Vance Havner, *Three Score & Ten* (Old Tappan, Nueva Jersey: Fleming H. Revell, 1973), p. 72.
3. A. W. Tozer, *The Root of the Righteous* [*La raíz de los justos*] (Harrisburg, Pennsylvania: Christian Publications, Inc., 1955), p. 55. Publicado en español por Editorial Clie.

Capítulo 9

1. Carnegie, *How to Stop Worrying and Start Living* [*Cómo suprimir preocupaciones y disfrutar de la vida*], p. 131.
2. Alan Redpath, *Victorious Christian Living* [*Viviendo la vida cristiana victoriosa*] (Old Tappan, Nueva Jersey: Fleming H. Revell Company, 1955), p. 207. Publicado en español por Moody.

Capítulo 10

1. Bruce Larson, *There's a Lot More to Health than Not Being Sick* [*Estar saludable no es suficiente*] (Waco, Texas: Word Books, 1981), p. 123. Publicado en español por Editorial Vida.
2. Roger F. Campbell, *Weight! A Better Way to Lose* (Wheaton, Illinois: Victor Books, 1976), pp. 13-14.
3. Larson, *There's a Lot More to Health than Not Being Sick* [*Estar saludable no es suficiente*], p. 75.

Capítulo 11

1. R. A. Torrey, *Why God Used D. L. Moody* (Old Tappan, Nueva Jersey: Fleming H. Revell Company, 1923), p. 10.
2. A. W. Tozer, *Man: The Dwelling Place of God* [*El hombre, la morada de Dios*], p. 9.
3. Leslie B. Flynn, *19 Gifts of the Spirit* (Wheaton, Illinois: Victor Books, 1974), p. 194.

Capítulo 12

1. LaHaye, *How to Win over Depression* [*Cómo vencer la depresión*], p. 206.

Reconocido autor y experto en relaciones humanas, el Dr. Gary Chapman nos ofrece útiles "y a veces sorprendentes" perspectivas de por qué usted se enoja, qué puede hacer al respecto y cómo usarlo de una manera constructiva. Incluye una guía de 13 sesiones para fomentar el debate, perfecta para grupos pequeños.

ISBN: 978-0-8254-1193-9

Necesitamos la ayuda de Dios... ¡y rápido! Deborah Smith Pegues, especialista en comportamiento humano y autora de *Controla tu lengua en 30 días* (con más de 280.000 copias vendidas), ofrece a los lectores una guía de oración para momentos de crisis que cubre todas las circunstancias y necesidades de la vida actual.

ISBN: 978-0-8254-1792-4